껍데기 민주주의

껍데기
민주주의

기득권 공화국에서
민주공화국으로

하승수 ✕ 하승우

여는 글
'헬조선'의 본질을 꿰뚫어 보자

이 책의 출간을 앞둔 시점에서, 박근혜-최순실 게이트가 터졌다. 이 게이트는 한국 민주주의가 처한 참담한 현실을 적나라하게 보여주었다.

대한민국 헌법 제1조는 '대한민국은 민주공화국이고, 모든 권력은 국민으로부터 나온다'라고 되어 있지만, 이 헌법 정신은 전혀 실현되지 않고 있다. 대한민국은 기득권 공화국이고, 비선 공화국이며, 민주주의와는 거리가 먼 나라라는 것이 드러났다. 그야말로 우리는 '껍데기 민주주의' 속에서 살아왔다. 이 참담한 현실을 보며, 수많은 시민들이 촛불을 들고 광장으로 나왔다.

단지 박근혜-최순실 게이트만이 문제가 아니다. 대한민국에서 '헬조선'이라는 단어가 등장한 지도 오래되었다. 사람들의 삶은 점점 더 팍팍해지고 있다.

박근혜-최순실 게이트와 '헬조선'은 무관한 것이 아니다. 이 현상들의 근본에는 '껍데기 민주주의'가 자리잡고 있다. 1987년 이후 '민주화'는 착각이었을 뿐이다. 팍팍한 삶도 '껍데기 민주주의'가 낳은 결과물이다. 그래서 이제는 현상만 얘기하지 말고 원인에 대해 얘기하고, 해법을 찾는 것이 필요하다.

'쳇바퀴 다람쥐'로 머무를 것인가

요즘 한국 사회의 상황을 보면 '다람쥐 쳇바퀴 돈다'는 말이 생각난다. 개인의 삶도 그렇고, 사회가 돌아가는 것도 그렇다. 당장 사는 것도 만만치 않고, 미래도 잘 보이지 않는 상황에서 하루하루를 살아간다. 열심히 일해도 다수 사람들의 삶은 점점 더 팍팍해지기만 한다. 체감 청년실업률이 30퍼센트를 넘고, 노인빈곤율이 50퍼센트에 육박하는 현실이 대한민국의 현주소를 잘 보여준다.

그런데 '쳇바퀴 돌리는 삶'조차 더 나빠지지 않게 유지할 수 있을지가 의문이다. 2016년 여름 이후 울산 앞바다와 경주에서 일어난 지진은, 앞으로 우리가 부딪힐 수 있는 현실을 예고하는 듯하다. 지진이 일어나고 있는 한반도

동남쪽에는 60여 개의 활성단층들이 있고, 그 주변에는 원전들이 가동 중에 있다.

올 여름을 덮친 폭염도 마찬가지다. 지구는 날로 뜨거워지고 있다. 앞으로 10년 후, 20년 후에는 폭염이 일상이 되고, 동식물의 대량 멸종과 함께 사람의 안전도 보장할 수 없게 될 수 있다. 한반도는 기후변화에 가장 취약한 곳 중 하나이다. 한반도의 평균기온은 지구 평균보다 빠르게 오르고 있고, 해수면 상승 속도도 빠르다. 게다가 곡물 자급률이 낮아서 식량위기에도 취약한 상황이다.

그래서 지금의 상황은 근본적으로 우리 모습을 되돌아보게 한다. 지금 대한민국을 정상적인 사회공동체라고 부를 수 있을까? 정치·사회·경제·환경·남북관계 어느 하나라도 위기가 아닌 곳이 없다. 물론 비관만 하고 있자는 얘기는 아니다. 상황을 정직하게 바라보는 것이 문제를 푸는 시작이기 때문에 '위기'임을 인정하자는 것이다.

비관적 상황에도 불구하고 실낱 같은 희망이라도 가질 수 있는 것은 '사람' 덕분이다. 그래도 희망을 잃지 않고 뭔가를 하려고 하는 사람들이 있다. 그래서 길거리에서 서명도 받고, 1인 시위도 하고, 정치에 참여하고, 마을에서 대안을 만드는 활동을 하기도 한다. 포기하거나 관망하거나 외면하지 않으려고 애쓰는 사람들이 꽤 많은 것이다.

체념의 밑바닥에서

이 책에서 대화를 나눈 두 사람도 꽤 오랜 시간동안 "뭐라도 해야지"라는 생각으로 시민운동, 지역풀뿌리운동 그리고 녹색당과 같은 대안정당 활동을 해왔다. 작은 실천일지라도, 희망의 끈을 붙잡고 뭔가를 하기 위해 노력해온 셈이다.

그런데 세상은 오히려 더 나빠지는 느낌이다. 한국 사회에서 이른바 운동(Sports가 아니라 Movement를 말하는 것이다)이라는 것에 참여해온 사람들의 마음이 비슷할 것이다. '운동'이라는 단어 자체가 요즘에는 인기가 없으니 꼭 '운동'이라는 단어를 안 써도 좋다. 세상을 더 낫게 만들려고 직접 자기에게 이익이 안 되는 활동을 해온 수많은 사람들이 있다. 그런데 세상이 나아진다는 느낌이 별로 없다.

왜 그럴까?

이 질문이 두 사람이 대화를 시작하게 된 이유다. 대화 주제는 다소 딱딱하다. 민주주의, 자본주의, 풀뿌리, 개발과 폭력이라는 주제다. 얘기를 하다보면, 주제들이 서로 연관될 수밖에 없었다. 특히 '자본주의' 체제에 관한 이야기는 주제 전부를 관통하는 키워드가 될 수밖에 없었다.

또 하나 전제할 것은, 이 대화는 그리 긍정적인 상황에서 나눈 대화가 아니라는 것이다. 어떻게 보면 체념의 밑바닥에서 나눈 대화라고 해도 좋을 것이다. 최근에 일어난 상황들이 그렇다. "이렇게 하면 돼"라는 정답이 있으면 좋겠지만, 정답은 존재하지 않는다.

2014년 4월 16일 세월호 참사가 일어난 후 600만 명이 넘는 사람들이 진실 규명을 위한 서명에 참여했지만, 그조차 소용이 없었다. 도대체 600만 명이 서명을 해도 움직이지 않는 벽이라니. 도대체가 길이 보이지 않는다. 요즘에는 서명운동 피로감을 호소하는 사람들도 본다.

벽이 있다면, 벽을 뛰어넘을 방법을 찾아야 한다. 두 사람은 대화의 주제로 잡은 키워드들이 벽을 뛰어넘을 수 있는 실마리를 제공해줄 수 있을 것이라고 생각했다.

87년 이후 30년, 본질을 꿰뚫어야 한다

대화의 주제들이 다소 거창해진 이유는 본질을 꿰뚫어야만 벽을 무너뜨리든, 뛰어넘든 할 수 있다고 생각했기 때문이다. 어느 순간부터 한국 사회에서는 본질에 관한 토론이 실종되었다. 물론 수많은 현안들이 있기 때문이기도 하다. 그러나 현안만 따라다녀서는 세상을 바꿀 수 없다.

그래서 민주주의, 자본주의, 풀뿌리, 개발과 폭력과 같은 화두를 대화 주제로 삼았다. 시기적인 맥락도 있다. 이제 1987년 이후 30년이 되어가기 때문이다.

1987년 6월. 수많은 사람들이 거리로 나와서 독재정권이 양보를 하게 만들었다. 그래서 민주화가 진행되기 시작했고, 지금 우리가 보고 있는 사회운동이 활성화되기 시작했다. 그때만 해도, 앞으로 더 좋은 세상이 만들어질 것이라는 기대가 있었다.

1987년 이후 한국 사회에서는 노동운동, 농민운동, 빈민운동 같은 전통적 민중운동 외에 시민운동이라는 단어가 새롭게 등장했다. 그리고 전국 곳곳에서 풀뿌리운동이라고 부를 수 있는 흐름도 형성되어왔다. 진보정당 운동도 일어났다.

그러나 지금 우리 사회의 모습은 어떤가? 1987년보다 더 나은 세상이 되었다고 할 수 있을까?

그래서 지금은 조금 더 넓고, 조금 더 깊게 87년 이후 30년을 돌아보고 토론하는 것이 필요한 시기다. 결국 87년 이후에 대한민국이 소위 '헬조선'이 된 것은 민주주의의 문제와 연결될 수 밖에 없다. 한 사회의 의사 결정이 어떻게 이뤄지는지가 바로 민주주의의 문제이고, 민주주의의 결함 탓에 잘못된 의사 결정이 내려져온 것이다.

1987년 이후 30년 동안의 사건 중 또 하나 중요한 사건은 1997년 IMF 금융위기였다. 한보그룹을 비롯한 재벌그룹들이 줄줄이 위기에 빠지고, 주가가 하락하고 환율이 불안정해졌다. 이미 자본시장이 상당 부분 개방되어 있던 상황에서 해외자금이 빠져나가자, 한국은 IMF로부터 구제금융을 받는 길을 선택했다. 그리고 한국은 IMF의 권고사항을 충실하게 따랐다. 구조조정을 하고 실업자를 양산했으며, 외국자본이 헐값에 국내 기업과 자산들을 인수하도록 했다. 이것은 자본에게는 나쁜 일이 아니었지만, 노동자들에게는 재앙이 되었다.

이 흐름은 한국에서는 당연한 것처럼 여겨졌고, '신자유주의'라는 단어가 한국 사회를 지배하게 되었다. 해고를 더 자유롭게 하고, 규제를 완화하고, 자본시장을 더 개방하고, FTA를 체결하는 흐름이 이어져왔다. 이런 흐름을 막을 수 있는 힘은 존재하지 않았다. 소위 민주정부로 불리는 김대중 정부와 노무현 정부에서도 이런 흐름은 계속되었다. 이들 정권 아래에서도 더 많은 규제 완화와 더 많은 개방 정책이 '절대 선'으로 여겨졌다.

금융위기를 겪은 국가라고 해서 모두 똑같이 대처한 것은 아니다. 대한민국과 비슷한 시기에 외환위기를 겪은 말레이시아는 대한민국과는 전혀 다른 해법으로 대처했다. 말레이시아는 외환위기를 투기자본에 의한 일시적 시장교란에서 발생한 것으로 보고, IMF의 요구를 거부했다. 그렇게 했어도 말레이시아는 외환위기에서 성공적으로 벗어났다.

이런 사례는 다른 곳에도 있다. 1990년대 초 스웨덴이나 핀란드가 금융위기를 맞았을 때, 이들 국가들은 복지국가의 기반을 크게 훼손하지 않으면서도 부실 은행들을 정리하고 투입된 공적자금도 성공적으로 회수했다.

그런 점에서 대한민국에 부족했던 것은 '돈'이 아니라 '민주주의'였다. 다수 사람들의 입장에서, 특히 약자나 소수자의 입장에서 문제를 바라보고 문제를 해결해나가려는 의지나 능력은 대한민국의 정치와 행정에 없었다. 그 결과 다수 사람들의 삶이 피폐해지는 방향으로 대한민국이라는 국가의 정책은 흘러왔다. 무한경쟁과 각자생존의 사회로 진입하게 되었고, 그 결과가 지금 '헬조선'이라고 부르는 모습이다.

결함 있는 민주주의가 원인

1987년 이후에 흔히 하던 얘기가 '형식적 민주주의는 갖

취졌지만 실질적 민주주의가 이뤄지지 않고 있다'는 것이었다. 그러나 이런 진단에 대해서도 다시 생각해볼 필요가 있다. 선거가 주기적으로 치러지고 있다고 해서 형식적 민주주의가 정착되었다고 할 수 있는가? 이것이 오히려 '결함 있는 민주주의'를 은폐하는 효과를 낳고 있지는 않은가?

1970년대부터 남유럽의 스페인, 포르투갈, 그리고 중남미의 브라질, 우루과이, 아르헨티나 등에서 독재정권이 무너지고 민주화가 이뤄지기 시작했다. 민주화는 새로운 헌법을 만들고 선거를 실시하는 것으로 시작되기 마련이다. 문제는 어떤 내용의 헌법이고 어떤 방식의 선거인가다.

대한민국의 경우, 1987년 당시 야당과 재야세력 일부는 대통령 직선제에 목을 매고 있었다. 반면 급진적인 운동세력은 체제 자체의 변혁을 꿈꿨기 때문에, 헌법 개정과 선거제도 등에 대해 구체적인 고민 자체가 없었다. 그 결과 1987년에 만들어진 헌법은 강력한 대통령의 권한을 유지하면서, 5년 단임제 대통령제를 택했다. 헌법 개정의 과정은 군사정권의 한 축이던 여당과 야당 간의 밀실 협상으로 진행되었다. 시민들의 참여는 전혀 보장되지 않았다.

그 결과 87년 헌법은 그다지 민주적이지 않다는 것이 증명되고 있다. 5년에 한 번씩 선거로 대통령을 선출하지만, 대통령이 독단과 전횡을 저지를 경우에 대한 대책은 없다. 국회 다수당이 대통령의 소속정당과 같은 경우에는 사실상 '권력의 독주'를 제어할 수 있는 제도적 장치가 없다. 그 결과 이명박 정부와 박근혜 정부를 거치면서, '제왕적 대통령'의 일방적인 통치가 오랫동안 계속되고 있다.

1987년 이후 선거제도는 지역구에서 국회의원 1명을 뽑는 소선거구제가 유지되었다. 비례대표 국회의원을 별도로 뽑기는 하지만, 그 숫자는 전체 국회의원 수에서 차지하는 비중이 매우 적다. 지역구 국회의원을 소선거구제로 선출하면서 소수의 비례대표 선출을 약간 덧붙이는 형태의 '병립형 비례대표제'는 100퍼센트 소선거구제와 별다른 차이가 없는 선거제도다. 유럽에서 삶의 질이 높은 나라들이 보편적으로 택하고 있는 '연동형 비례대표제'는 1987년 개헌 때에도 전혀 논의되지 않았다. '연동형 비례대표제'는 정당이 얻은 득표율에 따라 국회의석을 배분하기 때문에, 사표(死票)가 없는 가장 공정한 선거제도이지만, 대한민국에서는 논의 자체가 되지 못했던 것이다.

그 결과 '뒤베르제(Duverger)의 법칙'이 맞다는 것을 증명하듯, 대한민국은 자연스럽게 두 거대정당이 지배하는 정치 구조로 고착되어왔다. '뒤베르제의 법칙'이란, 지역구에서 1등을 한 사람을 당선자로 하는 단순다수 소선거구제는 양당제를 낳고, 정당득표율에 따라 의석을 배분하는 '연동형 비례대표제'는 다당제를 낳는다는 원리를 말한다. 프랑스의 정치학자였던 뒤베르제가 얘기한 이 법칙은 대한민국에서 현실화되었다. 그 결과 대한민국은 정체성이 뚜렷하게 구분되지 않는 양당이 지배하는 정치구조로 형성돼왔고, 진보적인 정치세력은 일정 수준 이상은 확장되지 못하고 오히려 정체·위축돼왔다. 한때는 시민운동이 기득권 구조에 작은 파열구라도 낼 것처럼 보였지만, 시민운동도 한계에 부딪힌 지 오래이다.

담론과 논쟁이 필요하다

결국 문제의 원인도, 해법도 민주주의에 있을 수밖에 없다. 1987년 이후 30년은 그것을 고통스럽게 확인하는 과정이었다. 그래서 30년이 지난 지금, 우리는 다시 어떻게 민주주의를 할 것인지에 대해 대화를 나눠야 한다.

    시간이 많지는 않을 것이다. 그나마 있는 기반조차도 무너지고 있는 상황이기 때문이다. 민주주의는 '고르게 인간답게 살 수 있는 삶'을 기반으로 한다. 그것이 무너질 때 늘 민주주의는 위기에 처했다. 1930년대에 전 세계를 휩쓴 대공황이 파시즘을 등장시킨 배경이 되었듯이, 사람들이 먹고사는 문제를 해결하기 힘든 상황이 된 것은 민주주의를 위축시킨다.

또한 날로 심각해져가는 기후변화는 현실의 위협이 되고 있다. '앞으로 어떤 일이 일어날지는 아무도 모른다'는 기후과학자들의 얘기처럼, 우리의 미래는 예측할 수 없는 상황으로 빠져들고 있다. 한반도의 경우에는 24개를 넘어서고 있는 원전의 위험도 심각하다. 그래서 지금은 변화를 가로막는 장벽을 무너뜨리고, 보다 안전하고 지속가능하며 인간답게 살 수 있는 미래를 우리 모두의 힘으로 열어가야 한다. 그것이 바로 민주주의이다.

민주주의는 변화를 만드는 과정에서부터 실현되어야 한다. 그래서 대화가 필요하고 토론이 필요하다. 담론도 필요하다. 논쟁도 필요하다. 어느 순간부터 한국 사회에서는 담론도 치열한 논쟁도 사라졌다.

그러나 지금 우리가 해답을 찾기 위해서는 담론과 논쟁이 필요하다. 자본주의 체제에 대한 진단도 필요하고, 탈자본주의 전망에 관한 논의도 필요하다. 세계적으로 경제성장주의에 대한 회의와 피로감이 커져가며, 탈성장에 관한 논의도 활발해지고 있다. 탈자본주의와 탈성장은 서로 연결된 얘기이기도 하다.

이런 얘기를 하면 '대안은 뭐냐'는 질문이 바로 나올 것이다. 대안은 본래부터 선명하게 보이는 것이 아니라 발굴하고 만들어가는 것이기에, 대안은 뭐냐는 질문을 하기 이전에 '현존하는 자본주의로 지금의 문제를 풀 수 있겠느냐?'라는 질문부터 던지는 것이 순서일 것이다.

개발과 폭력이라는 주제도 자본주의와 떼려야 뗄 수 없는 문제다. 자본의 탐욕을 제어하지 못하게 되면서 우리 사회는 개발과 폭력의 악순환에 빠졌다. 단순히 4대강 사업, 송전탑, 원전만을 얘기하는 것이 아니다. 도시에서 벌어지는 재개발·재건축 과정에서 사람들이 쫓겨나고, 비싼 전·월세에 사람들이 밀려나는 것도 개발이 낳은 폭력의 모습이다. 석탄화력발전소에서 대량 배출되는 미세먼지, 학교 우레탄과 인조잔디의 유해성분, 가습기 살균제 사고 등도 인간의 안전보다 이윤을 우위에 놓은 결과다. 기후변화도 말할 것이 없다. 나오미 클라인은 기후변화의 몸통은 탄소가 아니라 자본주의라고 말한다. 『이것이 모든 것을 바꾼다』에서는 '자본주의가 바뀌지 않는 한 기후 문제는 해결될 수 없다'고 주장했다. 맞는 말이다. 그래서 개발과 폭력의 문제에 대해서 얘기하다보면 결국 자본주의에 관한 얘기를 피할 수 없다.

풀뿌리는 느리게 질주한다

얘기를 나누다보면, 결국 '누가 고양이 목에 방울을 달 수 있는가'로 고민이 모아진다. 대화의 주제 중 하나가 '풀뿌리'가 된 이유다.

변화를 만들 주체는 결국 사람들이다. 그 주체를 '풀뿌리'라고 생각하는 이유는, 몇몇 활동가나 전문가들로 만들어낼 수 있는 변화가 아니기 때문이다. 민주주의가 제대로 작동하게 만들려면, 헌법 개정, 선거제도 개혁 등 시스템을 바꾸는 운동이 필요하다. 제도만 바꾼다고 문제가 풀리는 것은 아니다. 정치의 영역에서 활동할 대안적 정당이 필요하고, 일상을 변화시키고 작게라도 대안을 현실에서 만들어가는 운동도 필요하다.

이 책에서 대화를 나눈 두 사람은 이 모든 일들을 진행할 주체를 '풀뿌리'라고 생각하는 공통점이 있다. 두 사람의 활동의 궤적도 '풀뿌리'와 연관되어 있다.

하승수는 1987년에 대학에 들어가 학생운동에 참여했다. 1980년대 후반 구소련이 무너지는 것을 보았고, 제도권 내에서 실용적으로 할 수 있는 것을 모색하겠다는 생각에 사법시험을 보고 변호사 자격증을 취득했다. 사법연수원에 다니던 시절인 1996년부터 참여연대에서 시민운동에 본격적으로 참여하기 시작했다. 그리고 참여연대 활동만으로 한계를 느껴 2001년부터 지역활동가, 지방의원, 연구자들과 함께 시민자치정책센터라는 작은 단체를 만들어 지역에서의 풀뿌리운동을 연결하고 지원하는 일을 시작했다. 경기 과천 지역에서도 풀뿌리운동에 참여했고, 제주도에서도 4년 정도 살며 제주 지역 시민운동에 참여했다.

하승우는 전교조가 만들어지던 당시에 부산지역고등학생협의회에서 고등학생운동에 참여했고, 1990년 대학에 들어갔다. 1991년 5월에 있었던 뜨거운 시위 과정에서 학생운동에 한발 담궜지만, 한편 당시의 학생운동 풍토에 대한 반발감도 있었다. 학부에서 정치학을 전공하고, 대학원을 다니면서는 마르쿠제의 비판이론에 관심을 두고 그에 대한 연구로 석사논문을 썼다. 그리고 박사과정 중에는 공부의 연장선에서 풀뿌리운동을 만난다. 박사논문 제목은 「풀뿌리 공론장에 대한 이론적 고찰: 하버마스 공론장 개념의 비판적 재구성과 확장」이었다.

두 사람이 시민자치정책센터에서 같이 활동하던 2002년에 시민자치정책센터에서 펴낸 책 제목이 『풀뿌리는 느리게 질주한다』이다. 이 문장 '풀뿌리는 느리게 질주한다'는 두 사람이 갖고 있는 공통의 관점을 잘 표현한다. 시민자치정책센터는 2006년 풀뿌리자치연구소 '이음'으로 재창립하여 계속 활동하고 있다.

아나키즘, 그리고 녹색정치

두 사람의 공통적인 관심사 중 또 하나는 아나키즘이다. 하승수는 참여연대 활동을 하면서, 시민운동을 아나키즘의 맥락에서 설명할 수 있다고 생각했다. '자치'나 '자유로운 인간들의 연합'으로 세상을 바꾸겠다는 아나키즘의 정신이 시민운동의 가치와 연결된다고 느낀 것이다. 권력에 대한 감시와 저항도 아나키즘과 연결되어 있었다.

하승수는 시민운동의 주체인 '시민'은 정치권력이나 자본권력에 대항해서 독립적으로 생각하고 실천할 수 있는 사람이라고 생각했다. 즉 권력에 대한 태도로 시민운동의 주체인 '시민'을 정의할 수 있다고 생각했고, 그것이 아나키즘과 맞닿는다고 생각했던 것이다. 그러나 당시에 시민운동에서 아나키즘에 관심 있는 사람은 찾아보기 어려웠고, 아나키즘을 얘기하면 '테러리즘'을 떠올리는 척박한 주변 환경이었다.

하승우는 대학 재학 중에 폴 애브리치의 『러시아 아나키스트 1905·1917』이라는 책을 통해 아나키즘의 매력에 빠져들었고, 대학원에 가서도 아나키즘에 대한 공부를 계속했다. 『아나키즘』, 『세상을 뒤흔든 상호부조론』, 『풀뿌리민주주의와 아나키즘』, 『참여를 넘어서는 직접행동』 등의 책을 썼고, 『아나키스트의 초상』, 『국가 없는 사회』 등의 책을 번역했다.

하승우는 『아나키즘』이라는 책에서, 아나키즘에 대한 편견을 지적한다. 아나키즘을 '무정부주의'로 번역하는 것은 잘못이며, '반강권주의(反强權主義)'가 보다 정확한 번역이라고 얘기한다. "아나키즘은 국가만이 아니라 시장의 폭력에 맞서고 여성을 억압하는 가부장제와 생태계를 파괴하는 개발주의에도 반대하기 때문"이라는 것이 하승우의 설명이다. 또한 아나키스트는 모든 권위를 무조건 반대하는 것이 아니라 강압적이고 억압적인 권력을 거부하는 것이라는 설명도 덧붙인다.

하승수와 하승우의 또 다른 공통점은 녹색당원이라는 것이다. 두 사람은 녹색당 창당 때부터 참여해서 하승수는 공동운영위원장을 4년 동안 맡았고, 하승우는 현재 공동정책위원장을 맡고 있다.

두 사람의 가치와 신념에 가장 부합하는 정당이 녹색당이기 때문에 녹색당원이 되었지만, 다른 정당의 당원이 된 사람들의 신념도 존중한다. 다만, 세계 90개 국에서 활동하는 녹색당이 이제는 대한민국의 국회에서도 활동할 때가 되었다고 믿고 있고, 녹색당을 포함해서 다양한 정당들이 정책으로 경쟁하는 정치 구조를 만드는 것이 절실하게 필요하다고 생각한다.

'아나키스트가 무슨 정당이냐?'라는 얘기를 가끔 듣지만, 그것이야말로 아나키즘에 대한 무지를 드러내는 것이라고 생각한다. 진정한 아나키스트라면 정치에 참여하고, 정당에 참여할 것이다. 그리고 정당을 '자유로운 인간들의 연합'으로 만들어가야 한다고 믿는다.

우리 삶을 위한 민주주의

왜 우리가 민주주의를 해야 하느냐고 묻는다면, 삶을 위해서라고 말할 수밖에 없다. 생명의 존엄성이 땅에 떨어지고, 평화와 안전이 위협받고, 행복과 같은 단어가 사치가 되고 있는 상황에서, '삶'이라는 단어보다 중요한 단어는 없다.

각자의 삶을 각 개인이 구할 방법이 없기에, 우리가 살아가는 사회가 침몰하는 배가 되지 않도록 만드는 것이 필요하다. 결국 우리의 삶은 우리가 살아가는 사회에 의해 영향받을 수밖에 없기 때문이다. '사회가 싫어서 산속 깊이 들어갔는데, 댐 짓는 공사가 들어오더라'라는 얘기가 우스갯소리일 수 없다.

변화를 위한 첫 번째 걸음은 모여서 대화를 나누는 것이다. 사람은 사회적 존재이고, 위기를 맞았을 때일수록 모이고 얘기하는 것이 가장 자연스럽고 당연한 행위일 것이다. 모이고 얘기하는 것 자체도 위안과 즐거움을 줄 수 있지만, 더 나아가서 함께 행동한다면 세상을 그래도 조금은 긍정적인 방향으로 바꿀 수 있을 것이다.

그것을 위해 우선 모이고 얘기하는 것부터 시작하자. 이 책에 실린 대화도 그런 차원의 것이다. 대화에서 큰 주제들을 많이 다뤘지만, 속 시원하게 얘기가 풀리지 않은 부분도 많다. 그것은 대화를 진행한 사람들의 지적, 경험적 한계 때문이다. 앞으로 더 많은 토론이 일어나기를 기대하는 마음으로 이 책을 낸다는 말로써 변명을 대신하고자 한다.

하승수

차례

여는글   '헬조선'의 본질을 꿰뚫어 보자   5

1장 민주주의를 말하다

껍데기 민주주의   28
우리가 집권하면 달라진다?   31
민주주의의 주체는 누구인가   36
'무주공산입니다, 싸우세요!'   40
제대로 된 정당의 기능   45
연동형 비례대표제로 가자   51
정당이 해야 할 일   54
갈등의 전국화   59
'민주주의가 밥 먹여주나'   63

2장 자본주의를 말하다

탈자본주의는 가능한가   68
끊어진 관계의 복원   71
사례만으로는 안 된다   78
차베스 정권은 어떻게 했나   85
정의로운 전환의 길   94
"자력화하지 않는 시민은 시민이 아니다"   99
체제 전환의 실마리들   104
균열선을 보라   113

3장 풀뿌리를 말하다

기초조직의 발견 120
캣맘이라는 풀뿌리 126
권력은 원래 우리 것이다 128
탈정치적 운동은 없다 131
관이 민을 통제하는 거버넌스? 135
게이트키퍼는 누구인가 139
시민사회조직의 비민주화 142
청구형 정치의 민낯 146
명망가 의존의 심각성 151
풀뿌리는 삶의 문제다 156

4장 개발과 폭력을 말하다

국가와 자본의 결탁 166
사적 폭력에서 공권력으로 170
관료조직과 사법부의 폭력 174
참여와 분권으로 가는 먼 길 180
관료제를 깨려면 183
시스템의 규칙을 바꾸자 187
경제성장주의는 끝났다 191
이 위기를 뭐라고 호명해야 할까 196

닫는 글 우리가 다수다! 202

1장 민주주의를 말하다

껍데기 민주주의

하승수   민주주의에 대해서부터 얘기해보죠. 민주주의의 고전적 정의는, 민중 또는 인민 또는 시민의 자기지배, 자기통치라고 할 수 있습니다. 스스로에게 영향을 끼치는 일을 스스로 결정한다는 것이죠. 우리 사회는 형식적으로는 민주주의가 된 것처럼 말하지만 실제 지금 우리 현실은 민주정이라고 부를 수 없고, 과두지배체제에 가깝다고 봐요. 재벌, 행정·사법관료, 언론 같은 주체들이 지배적 영향력을 행사합니다. 그런 점에서 한국 민주주의는 기본적으로 껍데기 민주주의라고 할 수 있어요. 사람들이 중요한 문제 결정에 참여할 수 없으니까요. 선거라는 게 사실상 그런 껍데기 민주주의를 유지하는 중요한 제도이고, 사람들은 선거에 대한 기대와 착각에 빠져 있지만 실제로 대한민국의 중요한 의사결정은 과두지배로 이루어질

뿐입니다. 이때 왜 과두(寡頭)라는 용어를 쓰느냐면, 마치 '대마왕' 같은 하나의 절대적인 존재가 있는 것 같지는 않거든요. 피라미드 꼭대기에 누군가 있고 그가 명령을 내려 밑에서 일사불란하게 움직이는 식이라면 눈에도 더 잘 띌 텐데, 과두지배체제는 조금 다른 것 같아요. 중요한 주체들은 있으나 그들 사이의 힘의 관계는 수시로 바뀌고, 주체들 자체도 시시각각 변화해서 하나로 정의하기 힘든 느낌이랄까요.

하승우 저도 과두정에 다름없다는 말씀에 동감합니다. 지배세력이 정해져 있고, 그 속에서 권력이 순환하고 있는 셈이니까요. 그런데 독점하는 세력이 있는 것도 맞지만, 그보다 우리 사회 자체가 민주주의를 불가능하게 하는 구조로 가고 있다고 생각합니다. 누가 세력을 잡고 있느냐도 문제이지만, 누구든 권력을 행사하기가 매우 어려운 구조라는 것이죠. 그러니까 단순히 '쟤들이 권력을 잡고 있으니까 문제야'라고 생각한다면 권력을 잡고 있는 이들만 갈아치우면 된다는 건데, 그걸로는 문제가 안 풀릴 것 같아요.

민주주의의 어원인 '데모스(dēmos)'는 원래 아테네에서 '지역'을 의미했습니다. 우리는 아테네를 통으로 생각하니까 '아테네=민주정' 이렇게 연상을 하지만, 사실 아테네도 여러 지역들로 나뉘어 있었고 지역마다 대표들이 움직이면서 정치가 이루어졌습니다. 그러니 데모스는 지역을 움직이는 주체들이라고도 할 수 있고, 나아가 데모스크라티아(demoskratia)는 결국 지역이 주체가 되는 민주주의 구조를 만드는 거라고 할 수 있어요. 아테네라고 하는 전체 사회를 움직이는 구조도 필요하겠지만, 그 힘은 결국 이 데모스에서 나온다는 얘기죠. 말하자면 이것이 민주주의의 정신이라고 생각하는데, 한국은 사실상 그 정신이 이미 없는 상태예요. 지역을 국가의 부속품 정도로 생각하고 있잖아요. 그러니 당연히 모든 결정은 중앙에서, 피라미드라면 꼭대기에서 아래로 떨어지는 게 합리적인 것처럼 생각하게 되었습니다. 위의 권력층들이 바뀌더라도 이 구조가 계속 유지된다면, 과연 민주주의가 가능할까요? 근본적으로 지역 중심으로 민주주의가 재편되지 않는다면 어렵죠.

우리가 집권하면 달라진다?

하승수 예전에 민주노동당 당원교육을 부탁받아 간 적이 있었는데, 이런 구호를 외치더라구요. "지역에서부터 권력을 장악해나가자!" 이때 궁극적인 목표는 중앙권력이었던 겁니다. 지역을 기반으로 힘을 길러서 결국은 중앙권력을 장악하자는 것이니까. 과두지배체제가 장악하고 있는 중앙권력을 민중권력으로 탈환해오자, 권력을 쟁취하자, 이런 개념으로 얘기했던 것이고 이게 과거의 사고방식이라고 할 수 있겠습니다. 저들이 지금 잘못 행사하는 권력을 우리가 똑같이 잡아서 선의로 행사하면 되지 않겠냐는 게 그런 사고방식인데, 과연 이게 맞는 길인가, 민주주의를 실현하는 길인가, 그 점을 생각해봐야 합니다. 권력이 쟁취의 대상이냐, 해체의 대상이냐, 재구성의 대상이냐, 이런 질문을 던져봐야죠.

하승우   진보정당들에서 '집권 전략'이라는 말을 좀 더 신중하게 써야 한다고 생각하는데, 다들 너무나 일상적으로 몇 년에 집권 이런 말들을 쓰고 있어요. 집권은 턱도 없는 상황에서 집권을 논하는 것도 우습지만, 집권이라는 표현 자체도 그래요. 정말 본인들 말처럼 민중권력의 담론이라면 집권이라는 말부터가 잘못된 거죠. 자신들이 권력을 잡는 게 아니라, 권력을 민중에게 줘야지. 그렇다면 이건 분권전략이라고 하는 편이 맞을 것 같고요.

또 하나 기존의 진보정당들은 권력을 굉장히 실체화시켜서 보는 것 같아요. 그런데 저는 권력이란 게 실체이면서 실체가 아니다, 라고 생각합니다. 손에 쥐어야만 권력인가? 권력은 손아귀에서 공기처럼 빠져나가버리는 것이기도 하고, 자신은 반대편과 아주 다르다고 생각하는 동안에 벌써 자기 속에 들어와서 작동되는 것이기도 합니다. 대립 전략의 단점은 상대를 악마화하면서 자신은 선한 사람으로 만든 뒤에 '우리가 잡으면 달라진다'라고 생각하는 바로 그 지점이에요. 우리가 잡으면? 당연히 문제가 생기죠. 사람 일이니까요. 민주주의는 완성된 모델이 아니라 문제가 생겼을 때 바로잡을 수 있는 시스템을 말하는 겁니다. 그런데 다들 '우리가 정답을 갖고 있다'고 생각해요.

하지만 우리가 잡았을 때 더 나빠질 수도 있잖아요. 민주주의는 자기 에너지와 시간을 쏟아야 하는 일인데 그러자면 우리 각자가 피곤해지고 감정소모로 나쁜 상태가 될 수도 있고요. 편한 사회가 아니라 불편한 사회가 올 수도 있다는 거죠. 그런데도 우리는 그저 민주주의를 긍정적인 모델로만 만들어놔요. 그래서 사람들이 민주주의에 냉소적인 태도를 보이는 게 아닐까요? 현실은 이렇게 부정적이니까, '그게 될 리가 있겠어?' 싶어질 수밖에요. 진보정치가 이런 부분에 기여했다고 봐요. 현실적으로 깨지고 부딪히면서 수정하는 것이 민주주의인데, 우리는 이걸 한 방에 성공할 수 있는 어떤 것처럼 여겨요. '내가 잡으면 달라진다'에 우리 스스로 감염돼 있고 길들여져 있는 겁니다.

하승수 '내가 잡으면 달라진다'고 했는데, 실제로 과두체제 안에 없던 사람들이 선거를 통해서 '잡아본' 경험이 있죠. 노무현 전 대통령이 있었고, 박원순 서울시장의 경우도 있습니다. 과연 선거를 통해 권력을 잡았을 때, 그것이 민주주의를 진전시켰는가. 과두지배체제가 깨졌는가, 아니 깨지진 않았더라도 적어도 흔들리기라도 했고 민주주의가 진전했는가. 이런 점을 생각해봐야 환상

내지는 악순환에서 벗어날 수 있을 거라고 생각합니다.

과두지배체제에는 재벌, 기득권 정치세력, 관료, 언론의 네 핵심주체가 있는데, 김대중 시절에 언론을 좀 공격하다가 역공을 당했어요. 노무현 같은 경우는 기득권 정치를 비판하면서 정치를 하죠. 민주당 내부 기득권 세력을 비판하면서 자신이 후보가 되고 대통령까지 됐는데, 그럼에도 불구하고 그 과정에서 과두지배체제에 일정 정도 편입했다고 봅니다. 개인이든 그를 둘러싼 집단이든 간에요. 그러면서 오히려 과두지배체제의 한 축인 삼성재벌이 내놓는 보고서에 따라 중요한 의사결정을 한다든지, 언론으로부터 자유롭지 못하고 계속 흔들린다든지, 참모들이 제공하는 것들에 의존하게 된다든지…… 결국은 이런 체제를 흔들기보다는 거기 편입되면서 무기력해지고 말아요.

행정관료들은 그 당시에도 노골적으로 '우리는 민주노동당이 집권해도 버틸 수 있다'는 식의 태도를 보였습니다. '누가 집권해도 버틸 수 있다', 대한민국 관료집단의 기본적인 생각이 이래요. 예를 들어 박원순 시장이 집권해도 마찬가지일 겁니다. 박원순 시장은 '시민이 시장이다'라는 구호를 내세웠죠. 슬로건 자체도 그렇고 주민참여예산제 같은 정책들은 민주주의와 시민참여를 굉장히 강조했던 것이 사실이고요. 그런데 점점 더 관료제에 의존하는 경향들이 나타나기도 했죠. 성과를 내야 한다는 강박관념, 경제성장에 대한 집착 같은 것에서 벗어날 수가 없었고, 그러다보면 결국에는 기존 구조에 의존하는 모습을 보이게 되죠.

지금 얘기한 것이 집권이란 게 가진 한계일 겁니다. 권력 장악이라고 하지만 실제로는 권력을 장악하는 게 아니라 지배체제에 흡수되는 과정이 될 수 있다는 걸 역사적 경험이 말해주고 있잖아요.

민주주의의 주체는 누구인가

하승수   제대로 된 민주주의를 위해서는 중앙국가로는 한계가 있고 지역분권을 해야 하는데, 이것도 광역 지자체가 아니라 더 작은 마을, 기초지역이 중심이 되어야 민주주의에 가까워집니다. 주민들이 스스로 자기결정을 내리는, 그나마 제대로 된 민주주의의 사례들을 최근 한국에서도 찾을 수 있습니다. 예를 들면 제주도 강정마을의 경우, 해군기지 유치 때문에 진통을 앓았지만 강정 주민들이 직접 마을총회를 통해서 해군기지 문제에 맞섰죠. 처음에는 이장이 독단적으로 유치를 결정했지만 주민들이 총회에서 반대 논의를 모으고 이장을 해임시키기도 했어요. 자기 마을에서 일어난 일에 대해 총회라는 방식으로 결정에 참여한 것이죠.

이 밖에도 면 단위, 마을 단위에서 자기 지역의 발전

방향을 만든 사례들이 많이 있습니다. 군 단위만 올라가더라도 그게 안 되고, 도 단위로 가면 더욱 안 되죠. 그러니까 효율성을 생각해서 '역시 선거밖에 없어'라고 할 게 아니라 마을 단위에 더 많은 권력을 부여하는 체제로 바꿔야 합니다. 그게 민주주의를 회복하는 길이라고 생각해요. 흔히 군 단위를 많이 이야기하는데 그것도 넓죠. 그러나 다른 한편 더 넓은 단위에서의 민주주의 실현 방식도 고민해봐야 합니다. 100만 명 단위에서의 풀뿌리민주주의 실현 방안에 대한 고민이 필요한 거죠. 그런 면에서 추첨민주주의가 중요하다는 생각을 합니다. 아무리 지역 단위로 분산·분권해도 결국 한계가 있으니. 100만 명이 모일 수 없다면 추출을 한 시민들이 토론해 중요한 문제를 결정하면 되겠죠.

하승우 '스스로 결정한다'는 개념부터 생각해볼 여지가 많습니다. '스스로'라는 게 자기로부터 기원한단 얘기지, 내가 모든 걸 다 마음대로 결정해야 한다는 게 아닌데, 많은 사람들이 자기가 결정해야 민주주의라고 생각하는 것 같아요. 자기가 결정하지 않더라도 민주적일 수 있고, 다른 사람의 결정이 더 맞을 수도 있죠. 민주주의는 자기로부터 기원해서 우리로 가는 과정이어야 합니다. 마찬가지로 자치도 '다 내가 알아서 해야 한다'는 아니고요. 만약 그렇다고 한다면, 내가 다 해야 되는데 내가 시간이 없어, 그럼 안 해도 되는 걸까요? 내가 직접 할 수 없다면 다른 누구를 통해서 전할 수 있는 거죠. 결정도 중요하지만 결정으로 가기 위해 교감하고 소통하는 일이 더 중요하다고 봅니다.

총회라는 방식도 좀 더 폭넓게 생각해볼 필요가 있어요. 전통적으로 마을에서 무언가 결정할 때를 생각해보면, 두레에서 얘기하기도 하고 길에서 만나 얘기할 수도 있고 같이 놀면서 할 수도 있고…… 그렇게 다양한 소통의 장들이 있었는데 지금은 과연 그런 장들이 유지되고 있을까요? 우리는 각자 따로 일하고 따로 즐기고 따로 결정하는 데 너무 익숙해졌어요. 이런 상태에서는 민주주의나 자치라는 말이 그저 '내가 결정하는 것'으로 이해될 위험성이 있습니다. 혼자서 결정할 수 없는 부분, 결정하지 못한 부분은 다른 사람과 소통하고 교감하며 함께 결정하는 것, 그 함께 정한 것을 우리 스스로 올바르고 정당하다고 인정할 수 있는 것이 민주주의라고 생각합니다.

그러한 장에 설 수 있는 주체의 위치를 누구에게 줄 것인가, 이 문제도 고민해볼 지점인데요. 국가에서는 국민, 도시에서는 시민, 이렇게 지금까지 해왔던 식으로 주체를 규정하는 게 맞을까요? 현실에서는 국민이지만 국민의 목소리를 못 내는 사람들이 도처에 있습니다. 그들에게 형식적으로 '자, 여기 판 깔아놨으니까 마음껏 얘기해봐'라고 하는 건 마치 명절에 떠들썩한 외국인 노래자랑을 열어주고 생색내는 것 같아요. 그 사람들이 실제로 목소리를 낼 수 있는 디딤돌이 필요합니다. 옛날처럼 동질적인 사람들이 살았던 때와 지금은 많이 다르죠. 이질적인 사람들이 모여 있는 자리에 그냥 '나와서 얘기 좀 해봐'라는 식으로는 부족할 수밖에요. 민주주의는 이 사람들이 실제로 말할 수 있도록 하는 장으로 기능해야 합니다.

'무주공산입니다, 싸우세요!'

하승우 클로드 르포르(Claude Lefort)라는 정치철학자는 민주주의를 '비어 있는 중심'이라고 설명합니다. 말하자면 텅 빈 무대인데, 누가 무대에 설지 미리 정해져 있지 않아요. 누구라도 '내가 민중이요'라고 얘기하면 무대에 설 자격이 주어집니다. 노동자, 농민 같은 식으로 구체적으로 규정하지 않음으로써 구체적인 사람들이 등장할 수 있도록 한 겁니다.

서구의 '공원 민주주의' 같은 것을 떠올려보면 되는데요. 누군가 공원에서 자유롭게 연설을 하고 있으면 지나가던 사람이 멈춰서 듣고, 공감하고, 박수 치고 하는…… 이런 식으로 일상에 많은 민주적인 장치들이 만들어져야 합니다. 그런데 우리는 너무나 큰 것으로부터 사회체제를 바꾸고자 하는 것 같아요. 물론 국가가 워낙 사고를 많이 치니까 어쩔 수 없이 그렇게 되는 부분도 있지만요. 만약 면 단위에서나 할 수 있는 일이라면, 바로 거기서부터 시작하면 됩니다. 그런데 우리는 민주주의 모델이라고 했을 때 반사적으로 다른 특정 국가부터 떠올려요. 민주주의 하면 미국, 톨레랑스 하면 프랑스, 교육 하면 핀란드, 이런 식으로. 그렇지만 그 국가들 내에서 민주주의는 단일한 것일까요? 이 발상 자체가 바뀌어야 해요. 어디가 이상적이냐고 물었을 때, 어느 지역이 무엇을 잘한다는 게 아니라 뭉뚱그려 국가를 대고 마는 것. 이런 인식이 심각한 문제라고 생각합니다.

하승수 한국 사회에서 분권에 대해 얘기할 때에 부딪히게 되는 반론 중 하나가 '마을 내부는 과연 민주적인가?'라는 것인데요. 한편으로는 마을 내부의 남성 기득권 중심의 풍토, 의사결정 문화가 더 위험하지 않느냐는 비판도 있습니다. 대체로 한국의 지역사회는 그러한 약점을 안고 있죠. 소수자나 약자라면 그 자체로 무대에 서기 어렵습니다. 그래서 제도적 분권만으로 해결될 수 있는 건 아니고, 어떻게 민주적인 문화를 만들 것인지도 같이 고민되어야 할 겁니다.

하승우   모델화시켜서 얘기할 수 없다고 생각합니다. 실제로 일단 지역에 권한을 내려주면 그때부터는 전쟁터가 될 거예요. 지금까지 없던 권한이 통으로 눈앞에 떨어지니 사람들 생각이 달라질 거고 싸움을 할지도 모르죠. 그렇지만 계속해서 강조했듯이 민주주의는 아름답고 이상적인 것만은 아닙니다. 자, 회의장에 둥글게 의자도 놨으니 차분하게 소통해? 서구에서는 이런 걸 몇 백 년간 해왔기 때문에 겨우 가능해진 것이지, 한국에서는 마을 한가운데 자원 덩어리가 떨어져서 서로 차지하려고 몇 년 정도 쌈박질하는 상황이 민주주의에 훨씬 가깝죠. 지금은 사실상 그걸 힘 있는 사람들이 암암리에 독식하고 있는 셈인데요. 이제 자원을 가져다주고 '자, 주인 없으니까 시작!' '무주공산입니다, 싸우세요!'라고 해보는 겁니다. 투지가 살아나야 민주주의가 되죠.

하승수   말씀하신 대로 갈등은 불가피합니다. 마을 유력자들이 아니라 주민들이 결정하는 과정이 순탄하지는 않을 겁니다. 지금 이루어지는 개발사업들도 마을 이장이나 유력자들이 업자한테 술 얻어먹고 하면서 은근슬쩍 동의서를 써주는 일이 흔해요. 송전탑이든 쓰레기매립장이든 그런 식으로 유치가 진행된 경우들이 많습니다. 그 사실을 뒤늦게 알게 된, 권력에서 소외된 주민들이 나중에 들고 일어나고 갈아치우고 하는 것이 한국 농촌지역 갈등 현장의 패턴이죠. 민주주의 실현을 위해서 어쩔 수 없는 과정일 수도 있겠습니다.

의사결정권이 주어진다면 서로 의사가 다른 사람들이 그것을 어떻게 조율할 것인지가 문제겠죠. 갈등이 불가피한 가운데, 문화와 소통능력 그리고 감수성 등을 어떻게 만들어나갈 것인지······.

하승우 일단 갈등을 겪고 나면 어느 선까지 합의할 것인지 고민하게 되고 그런 능력이 길러질 겁니다. 지금은 위에서 아예 다 정해주니까 그럴 기회조차 없는 것이고요.

하승수 그렇죠. 지금은 의사결정 자체를 소수가 독점하니까 그럴 기회도 없고 이유도 없어요. 권한을 주게 되면 지금까지 말을 하지 않던 사람들도 말을 하게 될 거라는 확신이 있습니다. 자기 삶에 영향을 미치는 문제이기 때문에 들고일어날 수밖에 없다고 봐요. 얼마 전 경기도 광주 곤지암에 송전탑 관련 갈등이 있었는데, 이장이 동의서를 써줬고, 주민들은 송전탑 공사가 시작되고서야 그 사실을 알았답니다. 주민들이 이장을 새로 뽑고 한국전력 앞에 가서 시위도 하면서 나름대로 문제를 풀어나갔더라고요. 이렇게 마을 주민들의 삶에 직접 영향을 미치는 문제가 있다면 사람들이 방관하거나 침묵하지만은 않을 겁니다.

하승우 "좋은 민주주의가 어떤 거예요?"라는 질문 자체가 별로 의미가 없고, 바뀌어야 한다고 봐요. 이미 이상적인 민주주의상을 전제한다는 거니까. 직접행동이라는 게 나오는 이유는 그거라고 생각합니다. 이상적인 건 없다, 부딪쳐봐야지 알 수 있고, 깨져봐야지 경험할 수 있는 거죠. 머릿속에서 다 상상하고 움직일 순 없는 것 같아요. 물론 기존에 가진 단서가 아무것도 없진 않겠죠. 과거의 경험과 역사들이 판단의 준거들이 될 테지만, 그것들을 다시 그대로 조합하려고 민주주의를 하는 건 아니잖아요. 오히려 현실에 맞는 뭔가를 재구성해내기 위해서지. 물론 이런 생각에 반대하는 사람도 많겠죠.

제대로 된 정당의 기능

하승수 좋은 정치인들이 민주주의를 진전시킨다는 생각은 바뀌어야 합니다. 지금의 시스템(선거제도) 속에서 그것이 가능할 것이라고 생각한다면, 낭만적이고 비현실적인 생각이죠. 그들이 권력을 장악하고 잘 행사하면 좋아질 거라는 생각. 아까 말했듯이, 과두지배체제라는 거 자체가 자기들 안에서 서로 상호작용하는 복잡한 구조이고, 지금의 시스템에서 권력을 장악하려고 하다보면 현 체제를 바꾸는 게 아니라 편입되기 쉽죠. 그래서 좋은 정치인을 만들어 바꿔보자는 말을 들여다보면, 이를테면 막스 베버의 『직업으로서의 정치』를 읽고, 아 이렇게 소명의식을 가진 정치인의 역할이 중요하구나 라고 생각하는데요, 좋은 정치인이 선수 역할 잘하면 된다고들 생각하지만 그건 전체가 아닌 부분적인 측면의 이야기인 것 같아요.

그런 것이 민주주의를 제대로 실현하는 길은 아니라고 생각합니다. 지금의 지배구조라는 것이 선거로 뽑히고, 임기가 있는 대표자들이 장악하고 완전히 흔들거나 바꿀 수 있는 게 아니니까요. 환상을 갖게 하는 건 곤란하다고 생각합니다. 몇몇 사람들이 잘 한다고 되는 것도 아니고, 선거 몇 번으로 되는 것도 아니고, 지난하고 다양한 노력이 필요하다고 생각합니다.

하승우   하지만 선거를 얘기하는 쪽에서는 이쪽이 허무맹랑한 환상이라고 얘기하지요. 하지만 제가 보기엔 몇몇 정치인과 정당에 집중하는 쪽의 생각은 캔버스에 그림 그려놓고 이 그림대로 가면 된다고 하는 것과 같아요. 그런 생각이 더 허무맹랑하죠.
여기서 또 하나 살펴볼 것은, 정당민주주의자들이 말하는 건 근대 정당 모델이라는 점입니다. 그들은 조직화된 노동자들을 말하는데, 현실엔 그런 계급이 없어요. 과거에는 정치 엘리트들이 배출될 때 노동계급에서 나오거나 지지를 받았는데 지금은 그런 구조가 아니잖아요. 지금은 정당정치를 하자고 주장하는 사람들이 엘리트가 되죠. 한국의 진보정당에도 가보면 엘리트들이 수두룩합니다. 대부분 중간계급 이상에서 나오고요. 물론 이들이 지지 기반을 대상으로 시혜정책을 펼 순 있겠죠. 자기의 조직 기반이니까. 하지만 시혜정책은 시혜일 뿐이지 민주주의나 자치랑은 거리가 멉니다. '당신들은 바쁘고 무식하고 정치에 관심도 없으니까 우리가 다 해줄게, 우리가 집권하면 달라질 거야……' 사실상 주체로 만들어줄 의지는 없는 거예요. 그런다고 말은 하겠지만 당내에 프로그램도 갖추지 않을 거고.

최근에 오언 존스의 『차브』를 읽었는데요. 영국의 신노동당은 노동계급 상층을 중산층화해서 조직화해놓고 그 아래 계급들에게는 '차브'라는 낙인을 찍어서 배제 전략을 폈습니다. 한국의 더불어민주당이나 국민의당, 그리고 진보정당은 안 그런가 생각해보게 되죠. 그 당의 몇몇 사람들이 잘못됐다는 게 아니라 조직 자체가 그렇게 만들어져 있어요. 낡은 틀에다 억지로 현실을 갖다 입힌 느낌입니다. 그리고 근대 정당은 자본주의 시스템을 바탕으로 한 모델이죠. 노동자가 늘어날 거다, 경제는 계속 성장할 거다, 이런 것들이 기본 전제인데 지금 사회가 그렇게 가고 있나요? 아니라고 생각해요. 결국 자본주의가 흔들리고 있으니까 이것도 같이 흔들릴 수밖에 없는데 애써 안 그런 척하는 게 아닐까 싶기도 해요.

하승수 정당이라는 게 정치참여 통로로서 필요한 건 맞다고 봐요. 현실에서 대의정치구조가 존재하는 이상은 자기 목소리 낼 수 있는 통로가 필요합니다. 힘 있는 사람들만 말할 수 있는 구조에서 힘 없는 사람, 소수자, 약자들이 목소리를 낼 수 있고, 또는 말 못하는 동물들까지 대변하는 정당이 필요한 거죠. 정당의 긍정적인 측면에 대해 통상 얘기하는 것 말고, 특별히 두 가지를 강조하자면, 우선 지금 필요한 정당은 선거 전문가 정당이라기보다, 풀뿌리라고 할 수 있는 사람들이 정치에 목소리를 낼 수 있도록 하는 정당인 것 같아요. 그리고 한 가지 더 강조하면, 정당의 또 다른 역할은 상상을 하게 하는 것 아닐까 싶습니다. 세상이 바뀔 수 있다는 걸 상상하게 해주는 거죠. 디테일한 대안까지는 아니더라도 뭔가 다른 세상에 대한 상상이요. 과두지배체제가 낳고 있는 정치·사회·경제적 측면의 기득권 구조를 깬 세상.

정당이 꼭 해야 하는 기능으로 잘 얘기되지 않지만, 꼭 필요한 건 이 두 가지(정치참여의 통로, 그리고 사회가 나아갈 방향에 대해 상상하고 얘기하는 것)라고 생각해요.

결국 제대로 된 정당이라면, '현재의 정치시스템에서 다수파가 되어서 세상을 바꾸겠다'고 하는 전략에 대해서는 물음표를 던질 수 있어야 한다고 생각해요. 물론 정당으로서 일정한 지지는 얻어야 하고 그런 과정이 또 필요하지만요.

만약 집권을 하려면, 1등을 해야만 당선이 가능한 단순다수 소선거구제 선거제도에서 다수를 얻어야 하죠. 게다가 대통령 자리도 장악해야 하지요. 이것을 위해서 올인하는 순간, 앞서 언급한 정당이 꼭 해야 할 두 가지 기능은 사라지고, 초심도 변질될 가능성이 높다고 봅니다. 그래서 과거 진보정당이 섣부른 집권플랜을 얘기했던 것에 대해 성찰이 필요하다고 봐요.

그럼 어떻게 할 거냐? 라고 물을 수 있죠. 현실 정치에서 어떻게 영향을 미치고 힘을 발휘할 거냐? 이와 관련해서는 지금의 시스템 자체를 바꾸려는 노력이 필요하다고 봅니다. 선거제도의 전면 개혁, 그리고 권력을 분산시키고 분권화시키기 위한 노력, 직접민주주의를 확대하기 위한 노력들을 해야 한다고 생각합니다. 이것을 위해서 일정 정도의 득표율과 영향력을 확보하기 위한 노력은 필요합니다. 그렇지만 지금의 정치시스템 속에서 다수파가 될 수 있다든지, 힘을 키워서 단독 집권을 통해 문제를 해결할 수 있다고 생각하는 것은 환상이라고 봅니다.

연립집권은 가능하지 않느냐고 생각할 수 있는데, 물론 진보정당이 연립집권의 가능성은 열어놓을 수 있다고 생각하지만, 매우 제한적이거나 불안정한 연립일 것이고요. 대통령제 자체가 연립과 친화적이지 않고, 장관 몇 자리 얻는다고 해서 크게 바꿀 수 있는 구조가 아니기 때문입니다. 그래서 저는 연립을 한다고 해도, 연립을 통해 최우선적으로 얻어야 하는 것은 선거제도 전면 개혁 같은 정치시스템 개혁이라고 생각합니다. 그래야만 연립이 일회적인 사건이 아니라 의미있는 사건이 될 것이고요.

연동형 비례대표제로 가자

하승수 저는 연동형 비례대표제로 선거제도를 전면 개혁하는 것이 가장 중요다고 생각합니다. 그 과정은 아마도 국회 내부 과정만으로 되기는 어려울 거예요. 국회에서 의사봉 뚝딱 뚝딱 하는 과정만으로 되지 않고 시민운동과 직접행동이 중요할 거예요.

하승우 시스템을 바꾸는 건, 전체 국민에게 영향을 미치는 거라 국회에서 뚝딱 결정할 건 아니겠죠. 저도 연동형 비례대표제가 정치의 출구를 열어줄 거라 생각합니다. 전면 실시가 어렵다면 결선투표제도가 필요하다고 보고요.
 하지만 이 역시 몇몇 전문가나 정치인들이 모여 합의를 통해 만들 것은 아니라고 생각합니다. 그런 변화에 대한 고민과 합의가 필요하다고 봅니다. 지금의 선거제도가 왜 문제인지, 어떤 지점에서 기득권층에게 유리한지, 이런 부분에 대한 고민이 먼저 필요하다고 봅니다. 그래서 정치인이 선물하는 게 아니라 '우리가 고민해서 바꿨으니까 니들이 또 함부로 못 바꿔'가 되어야 하고요. 그래야 수동적인 선거의 의미도 바뀔 거라고 봅니다.

하승수   그렇죠. 지금까지 역사를 봐도 정치 시스템의 큰 변화는 일종의 직접행동, 대중적 사회운동, 풀뿌리운동으로 일궈낸 겁니다. 한국의 4·19혁명, 6월항쟁도 다 그렇게 해서 헌법을 바꿔냈고요. 브라질도 민주화운동, 노동운동으로 1980년대에 지금의 정치시스템을 만들었죠. 브라질은 대통령을 직선으로 뽑지만, 국회는 정당득표율에 따라 의석을 배분하는 연동형 비례대표제를 택하고 있거든요. 중남미의 많은 나라들이 그렇습니다. 광범위한 대중운동이 있었어요. 20세기 초반에 유럽의 여러 나라들에서 정당득표율에 따라 의석을 배분하는 방식으로 선거제도를 바꿀 때에도 노동운동의 강력한 힘이 작용했습니다. 최근에 아이슬란드 '냄비혁명'도 그런 예이고요. 잘 진행이 안 되고 있긴 하지만, 여하튼 기존 정치 시스템이 안 되겠다고 생각한 시민들이 직접 충격을 줘서 개헌에 착수했으니까요.

한편 한국 사회에서 '대통령을 잘 뽑아야 돼'라는 얘기가 상당히 많아지고 있어요. 하지만 이것은 위험한 얘기예요. 노무현 때는 오히려 '해봐도 안 되네' 이랬다면, 이명박과 박근혜를 거치면서 점점……. 물론 잘 뽑긴 해야 되지만, 개인의 선의에 기대하는 것은 환상일 뿐이라고 생각합니다. 만약 대통령으로 당선된 사람이 연동형 비례대표제로 선거제도를 전면 개혁한다든지 하는 일이 벌어지려고 해도, 그 이전에 시민들 속에서 선거제도 개혁을 할 힘이 만들어져야 합니다.

실제로 시민들을 만나보면, 선거제도 개혁의 방향에 대해 생각해보지 않은 분들이 대부분인데, 이런 상황에서는 힘이 만들어지지 않는다고 생각해요. 지금은 시민들이 오히려 '비례대표'란 단어에 대해 부정적인 반응을 보이는 경우가 많은 상황이거든요. 기득권 정당들이 비례대표 공천을 하면서 돈 공천을 하거나 밀실 공천을 한 사례들이 많다 보니 그렇죠. 그러니까 시스템을 바꾸려고 해도 개인에게 의존할 것이 아니라, 대중적 힘을 만드는 것이 우선 필요합니다.

정당이 해야 할 일

하승수　저는 이전에 시민사회운동을 하다가 녹색당을 통해 정당운동을 시작했죠. 과거에 참여연대와 같은 단체에서 활동할 때 문제의식이 있었어요. 시민단체는 시민이 참여하는 통로로서 기능해야 되는데 그러지 못하고 있다는 것이 하나였고, 또 하나는 정치적 중립을 요구받는다는 거였어요. 사실 정치적 중립은 지켜질 수 없는 얘기죠. 그런 문제의식에서부터 시민운동이 '우리 사회가 나아가야 할 큰 방향'에 대해 이야기하는 데 한계가 있다고 느꼈습니다. 시민단체들은 주로 그런 큰 방향보다는 더 구체적인 주제나 이슈에 대해서 이야기하니까요. 외국의 시민단체도 비슷한 걸 보면, 시민운동 내지 NGO 자체가 가진 한계일 수도 있겠습니다. 특히 전국 규모의 중앙시민단체의 한계랄까요. 꼭 누가 뭘 잘못해서라기보다는 시민운동이 전지전능한 것일 수 없으니까요. 지역 풀뿌리운동은 조금 더 가능성이 열려 있다고 느꼈습니다. 시민참여 통로로서는 역할을 할 수 있고, 정치적 중립성과 관련해서도 더 유연할 수 있겠고, 국가 단위에서 비전을 이야기하는 것까지는 안 되더라도 지역사회가 나아갈 방향은 얘기할 수 있겠고요.

정당운동을 하기로 마음먹으면서, 방금 말한 시민단체의 한계 세 가지를 정당이라는 다른 차원에서 풀 수 있겠다고 생각했습니다. 무엇보다 정당은 당원들이 참여하지 않으면 유지될 수가 없습니다. 시민단체는 후원회원들이 돈만 내도 유지할 수 있지만, 정당은 활동하는 당원이 없으면 그 자체로 유지가 안 되죠. 기득권 정당이 아니고 소수·신생 정당의 경우라면 더더욱요. 그래서 사람들이 더 적극적으로 참여하는 것이 정당의 생명력이 됩니다. 선거, 정책에 대한 참여 통로들이 열려 있고요. 정당이니까 정치적 중립은 당연히 신경 안 써도 되고. 국가가 나아가야 할 큰 방향에 대해서 얘기할 수 있고. 그런 장점들은 분명히 있는 것 같아요.

물론 위험성도 있습니다. 정당은 벼랑 위를 걷는다는 느낌이랄까요. 선거에서 실제 성과를 내야 할 숙제가 있고요. 그런데 아까 말한 것처럼 현재의 정치시스템에서 다수파가 되려고 하다보면, 정당의 긍정적 기능들을 버리게 되거나 일정 정도 접게 될 수도 있는 위험성을 갖고 있습니다. 시민단체는 한번 만들어지면 큰일이 없는 이상 쭉 그 길을 갈 수 있다고 한다면, 그에 비해 정당은 굉장히 많은 부침을 겪게 됩니다.

사실 모순된 건 아닌데 사람들은 모순됐다고 생각하는 경우도 많고요. 선거에서 표를 얻기 위해서 어떤 정체성들을 다 드러낼 거냐 말 거냐같은 얘기들을 가끔 듣게 됩니다. 이를테면 성소수자 인권 의제를 전면에 내세울 거냐 뒤로 뺄 거냐 같은 얘기인데요. 사실은 자기 정체성을 솔직하고 분명하게 드러내고 선거에서 평가를 받아야 하는데 말이죠.

하승우 이제 정당이 구체적으로 해야 할 일을 논의해볼까요. 저는 샤츠 슈나이더(Elmer Eric Schattschneider)의 말에서 '갈등의 전국화'라는 말이 인상적이었어요. 지역적인 갈등이 묻히거나 왜곡되지 않도록, 예를 들어 강정이나 밀양 문제 같은 걸 정당이 끄집어내서 전국적 의제로 만든다는 거죠. 이건 그 지역 단위에서 알아서 감당해야 할 몫이 아니거든요. 실제로는 전국의 전력수급체계와도 연관된 문제이고요. 이런 문제야말로 정당이 나서야 할 문제인데, 한국에서는 그렇지 않은 거죠.

한국의 정당들은 매우 중앙집권적인데, 진보정당은 분권적이어야 한다고 봅니다. 근대 정당이냐 아니냐를 떠나서 정당은 그런 기능을 강화시켜야 한다고 봅니다. 조직 구성뿐만 아니라 의제 면에서도 계속 지역 의제를 끌어올려야 해요. 한국처럼 중앙집권화된 사회에서는 더더욱 그렇죠.

그리고 정당은 본래 정치학교의 기능을 해야 한다고 봅니다. 일정 계급 사람들만 엘리트화하는 것이 아니라 당사자들이 정치엘리트가 될 수 있도록 계속 섞어주는 작업을 해야 해요. 여러 계급이 섞이는 순환 시스템이 필요하다는 거죠. 특히 한국은 계파정치가 심각하잖아요. 정파 자체는 문제가 없다고 생각하는데 모든 의사결정이 다 정파로 환원되는 건 문제인 것 같습니다. 누가 얘기하면 우린 무조건 반대, 이거 망하는 지름길이죠. 어느 정파냐가 아니라 어떤 안인가를 따져야 하는데, 그러려면 섞어줘야 합니다. 뭐, 한번 해병대는 영원한 해병대도 아니고 말이죠. 이 정파에서 저 정파로 갈 수도 있고, 선호하는 정책에 따라서 왔다 갔다 할 수도 있는 거라고 봐요. 그 자체가 정치를 경험하게 하는 장이 되는 거죠.

또한 사회적 소수자들이 선거 자체만으로는 정치적인

대표가 될 가능성이 낮기 때문에, 정당은 그 사람들이 정치로 진입할 수 있는 통로가 되어줘야 합니다. 사실 기득권층이 구색을 맞추기 위해 이런 부분은 더 잘하고 있는데요, 이를테면 새누리당이 이자스민 의원을 비례대표로 받아들인 게 그렇죠. 외부만이 아니라 내부적으로도 그런 과정이 필요하다고 봅니다. 여성, 장애인, 성소수자, 청소년 등이 당내에서 어떤 지위에 있는가 이런 부분이 중요하다는 것이죠.

이런 과정이 자연스럽게 이루어지면 정치인들이 계속 등장하고 정치가 활성화될 수 있다고 봅니다. 엘리트주의에 대한 비판뿐 아니라 엘리트가 순환되며 섞일 수 있는 구조도 필요하다고 봅니다.

갈등의 전국화

하승우   지금 녹색당도 지역 의제를 전국화하는 활동을 벌이고 있어요. 대표적으로 밀양 같은 탈핵 의제가 그렇죠. 다만 탈핵이라는 의제가 지역과 유기적으로 잘 결합되어 있는지는 모르겠어요. 탈핵 의제의 중요성을 무시하는 게 아니라 핵발전소에서 일하고 핵발전소 주위에서 살아가는 주민들에게 핵발전소는 에너지만이 아니라 생계의 수단이자 세계관이자 성취일 수도 있거든요. 그리고 탈핵이나 에너지 부분을 제외하면 녹색당이 의제를 전국화하고 있는 면을 잘 찾아보기 어렵습니다.

어려움은 지역의 의제가 굉장히 다양하고 복합적이라는 겁니다. 녹색당의 가치가 분명한 만큼 일반 사람들이 공통적으로 느끼는 것들, 피부에 와 닿는 의제들을 다른 의제들 속에서 길러내는 작업을 해야 한다고 생각해요.

물론 현재 당 규모에서 할 수 있느냐는 또 따져봐야겠지만. 지금은 의제가 제한되어 있습니다. 정치엘리트를 섞어주는 역할도 뚜렷이 보이지 않고요.

하승수   갈등을 전국화하지 못하고 있는 면이 확실히 있어요. 한번은 영덕 핵발전소 문제를 담은 유인물을 서울에서 나눠주는데, 당원들도 그런 아쉬움을 얘기해요. 핵발전소 문제가 중요하긴 하지만 서울 시민들은 피부로 느끼기 어렵다, 오히려 전월세, 주거, 상가임대료, 최저임금, 청년배당, 기본소득 같은 문제들을 강조해야 하는 거 아니냐는 거죠.

　사람을 길러내는 면에서도 한계가 있어요. 정치를 할 사람들을 잘 길러내는 구조를 가진 정당이 오래갈 수 있는 건데 몇 년 해보면서 잘 안 되고 있다고 느낍니다. 당의 초창기 멤버들이 2011년 후쿠시마 원전 사고 등을 계기로 모였는데, 여전히 의제와 스펙트럼의 협소함이 있어요. 시민운동 쪽도 사람들을 잘 길러내지 못한 지 오래됐잖아요. 정당도 마찬가지 어려움이 있습니다. 특별히 잘나서 정치를 하는 게 아니라 자기 삶 속에서 정치의 필요성을 느끼고 스스로 선거에 나갈 수 있는 사람들이 많아져야 하는데, 그런 구조를 만들어내진 못하고 있어요.

하승우　녹색당은 당의 정체성이 강한 편이죠. 보통 정당은 다수를 조직해야 하니 각각의 대상에 맞는 맞춤형 공략 같은 걸 만들어내잖아요. 저는 녹색당이 그렇게 했으면 좋겠다는 게 아니라, 지금처럼 정당 정체성이 강한 게 좋다고 생각해요. 다만 정당의 정체성이 당원들의 서로 다른 정체성들과 뒤섞이는 작업이 필요해 보입니다. '우린 이거에 관심 있으니까 이것만 할래', '나는 환경에 관심 있으니까 환경운동만 할래'라는 식은 정당이 아니라 시민단체에 적합한 태도죠. 녹색당은 탈핵문제만이 아니라 핵산업, 나아가 자본주의 문제를 같이 고민해야 할 겁니다. 지금 당장 생각이 같진 않더라도 생각이 다른 사람들하고 논의해가는 과정이 필요해요. 그리고 녹색당의 가치와 정체성이 제 아무리 옳다고 하더라도 자기 검증을 제대로 해보지 않은 자기 정체성이란 게 정작 얼마나 강하고 효과적일지 의심해야 한다고 봅니다. 그래서 섞이는 과정들이 중요하다고 생각하고요.

하승수　환경문제, 에너지문제 등은 녹색당이 다뤄야 할 주요한 문제이긴 하지만, 그 뒤편에는 공통적으로 이권 시스템이 존재합니다. 과두지배체제가 받쳐주고 있는 시스템이죠. 정치집단이 해야 되는 일은 그런 이권 시스템의 실체를 잘 드러내는 거라고 봅니다. 사람들이 관심을 갖도록 드러내는 게 중요하죠. 먹고살기가 힘들어서 핵문제에는 관심이 없다는 사람에게 무작정 얘기해봐야 소용없는 것이고. 먹고사는 걸 힘들게 하는 시스템과 핵발전을 유지하는 시스템이 본질적으로 같은 것이라고 얘기하는 것, 그걸 어떻게 풍부하게 얘기할지 고민하는 것이 정당의 역할입니다. 결국 최저임금도 낮게 유지하고 부동산 거품도 유지하고 핵발전도 유지하는 것이 자본의 탐욕을 위해서임을 말하는 것이 시민단체가 아닌 정당의 역할이 되겠죠.

그냥 '설악산을 지켜야 한다'가 아니라, 누구를 위해 무분별한 산지개발이 이루어지고 있는지를 얘기하고 설악산 케이블카가 건설되면 전국의 산들이 토건세력의 이익을 위해 파헤쳐질 수밖에 없다는 걸 얘기해야 하는 거죠. 마찬가지로 '농장동물들 불쌍하니까 구해주자'가 아니라 결국은 공장식 축산 시스템에서 벗어나야만 근본적인 문제 해결이 가능하다는 걸 얘기하고, 사료생산-사육-유통·판매의 전 과정을 장악하고 있는 대자본의 이해관계를 깨야 한다는 걸 얘기할 수 있어야 한다고 봐요.

'민주주의가 밥 먹여주냐'

하승수 '민주주의가 밥 먹여주냐'는 말을 들은 적이 있습니다. 물론 민주주의가 뭐든 다 해결해줄 거라는 믿음은 환상이죠. 그런데 이때 마르크스 식의 '하부구조가 상부구조를 결정한다'는 명제를 거꾸로 얘기해보는 게 가능하지 않을까 싶어요. 민주주의를 한다면 진정 먹고사는 걸 해결할 수 있지 않겠냐고요. 저는 결국 민주주의 논의라는 게 우리가 어떤 경제를 지향하는지에 관한 논의와 같이 가야 할 거라고 생각합니다. 예를 들어 동네에서 조그만 현안 하나만 갖고도 토론해보면 결국은 '앞으로 뭘 해서 먹고사나'의 문제를 피해갈 수 없는 거죠. 정치, 사회, 경제가 다 연결되어 있을 수밖에 없어요.

저는 '민주주의가 밥 먹여준다'는 식의 접근도 해볼 필요가 있다고 생각합니다. 민주주의를 통해 더 많은 사람들이 평등하게 먹고사는 문제를 해결할 수 있다는 것이 역사적 경험이기도 하고요.

하승우 반면 '민주주의의 한계'를 논의하는 자리가 종종 있어요. 그런데 제 생각에 우리의 문제는 '민주주의의 한계' 탓이 아니라 민주주의가 다른 영역으로 확장이 안 되어서 생기는 게 아닐까 싶어요. 민주주의를 자꾸 제도 정치로 제한시켜 사유해온 거죠. 경제민주주의라는 얘기가 나오는 이유는 그동안의 경제가 비민주적 구조에서 발전돼왔기 때문이고, 결국 정치 민주화가 경제의 비민주주의 때문에 후퇴하게 되는 상황이 벌어졌다는 점을 뒤늦게 자각한 거죠.

그렇다면 어떻게 해야 하나? 민주주의보다 경제에 집중하자고 해야 하나? 그렇지 않을 수 있어요. 요즘 사회적 경제나 협동조합 논의가 활발한 이유는 일자리에 관한 욕구도 있지만 한번도 경제조직의 주요한 기본원리가 되어보지 못한 민주주의에 대한 욕구가 있기 때문이 아닐까 싶어요. 사회 문화 역시 마찬가지라고 봅니다. 학교를 운영하는 원리가 민주주의를 따라야 한다고 (실제 현장에 전혀 반영이 안 되더라도) 반복해서 주장하는 이유도, 어릴 때부터 민주주의를 경험하면서 성장해야 한다는 생각이 바탕에 깔려있는 거죠. '민주주의가 밥 먹여주냐'는 말에서 보이듯이, 민주주의의 한계를 말할 때 우리가 생각하는 민주주의는 너무 협소한 거 아닌가 싶어요. 민주주의가 특별한 정치모델이 아니라 생활하는 방식이라고 생각한다면, 한계라기보다는 환상이 있다고 하는 편이 맞을 것 같아요.

그리고 민주주의라고 하면 무조건 모든 걸 다 같이 결정해야 된다는 강박이 있는 것 같아요. 상대의 얘기를 충분히 들은 다음에는 '하기 싫어? 그럼 넌 빠져'라고 하는 것도 방법일 수 있어요. 이를테면 연방국가의 장점은 모든 주가 똑같은 법률에 따라야 할 필요가 없는 거잖아요. 동의하지 않으면 빠질 수 있는 거죠. 그게 인정되는 것이 결국은 차이와 다양성의 문제라고 생각합니다. 법과 제도만으로는 차이와 다양성을 충분히 보장할 수 없다고 봅니다. 보장할 수 없는 건 그냥 놔두는 것이 민주적인 거죠.

민주주의는 다 똑같이 결정하는 거야, 라는 건 환상이고 실제 작동방식은 다른데 자꾸 그것만 얘기하니까 사람들이 시큰둥해지는 건 아닐까. 어쩌면 민주주의의 한계라는 것도 그런 환상에서 비롯되는 게 아닐까 싶어요. '각자 먹고살기도 바쁜데 어떻게 다 같이 모여서 다 같이 결정해?' 싶은 거죠. 그리고 기득권층은 이런 식의 사유를 적극적으로 강요하고. 그래서 민주주의를 모델화되어 있는 것으로 사유하는 건 좋지 않은 것 같아요.

하승수   민주주의가 인간활동의 원리이고 사는 방식이 되어야 한다는 말씀에 공감하고요. 그런 점에서 초국적 자본, 대자본이 영향력을 행사하고 있는데 과연 경제민주주의라는 게 실현 가능한가, 라는 의문을 던질 필요가 있습니다. 흔히 경제민주화라는 말을 쓰는데 그 때 '경제민주화'라는 말이 재정의되어야 한다고 봐요. 기존에는 재벌 개혁, 대기업 의사결정 구조에서 지배주주의 영향력을 어떻게 견제할 거냐라는 문제로 봤다면, 이제는 경제와 관련된 의사결정을 어떻게 하면 풀뿌리 시민들이 내릴 수 있을 것이냐의 문제로 봐야 할 것 같습니다. 그런 점에서 경제민주주의에 대한 논의는 완전히 달라져야 할 것 같습니다. 그 시각으로 모든 걸 바라봐야 민주주의라는 사회원리하고 경제 시스템이 맞아 돌아갈 수 있게 되겠죠.

2장 자본주의를 말하다

탈자본주의는 가능한가

하승수 자본주의를 주제로 얘기 나눌 차례인데요. 결국 탈자본주의라는 게 과연 가능한 것이냐, 어떻게 가능한 것이냐, 이게 화두라는 생각이 듭니다. 예를 들어 기후변화를 이야기한다고 했을 때, 에너지 문제를 어떤 방식으로 풀어가야 된다는 얘기는 많은데, 정작 그게 지금의 자본주의 시스템에서 가능하냐는 질문을 던질 수 있죠. 만약에 삼성이 태양광 사업에 뛰어들어서 엄청난 투자를 해서 생산하고 설치하는 방식으로 재생가능에너지가 늘어나는, 그런 방식으로 해결이 가능한 거냐? 설사 그렇게 된다 하더라도 그건 대안으로 보기 어려운 거 아니냐? 이런 식의 얘기들이 나오고 있죠. 생태문제를 풀 때도 탈자본주의에 대한 문제의식이 엮이는 거죠. 자본주의로 인한 지금의 문제들을 또 역시 자본의 힘을 빌려서 푸는 것에 대한 문제의식이 있는 거죠. 명시적으로 이야기하지는 않지만, 그게 현실적인 방안일 수 있다고 생각하는 사람들도 있고, 과연 그게 대안이냐고 묻는 사람들도 있는 거고요. 이런 물음들에 대해서 결국 자본주의의 핵심을 무엇으로 볼 것이냐에서부터 얘기를 풀어가볼게요.

자본주의를 비판한 마르크스 이론 같은 경우는, 생산수단이라는 것을 소유한 계급이 있고, 노동력을 상품으로 팔 수밖에 없는 노동자 계급이 있고, 여기서 일종의 자본주의적 생산양식이 계속 작동하다보면 필연적으로 공황이 발생할 수밖에 없다고 보잖아요. 저는 마르크스 이론을 평가할 능력은 안 되고요. 다만, 제 나름대로는 크게 토지의 상품화, 돈의 상품화, 노동력의 상품화, 이 세 가지 상품화가 자본주의를 이해하는 데 핵심이 될 수 있다고 보는데요.

먼저 토지의 상품화부터 얘기하면, 헨리 조지 같은 사람들은 토지의 사적 소유, 그것으로 지대를 얻는 것을 자본주의가 낳는 여러 불평등과 문제들, 모순의 핵심이라고 봤습니다. 실제 자본주의가 탄생하는 과정에서 토지의 사유화가 아주 폭력적인 방식으로 이루어졌었죠. 그 전까지는 굳이 소유하지 않아도 이용할 수 있었던 땅이 사유화되면서, 울타리가 쳐지고 농민들이 땅에서 쫓겨나는 일들이 발생했으니까요.

다음으로 돈의 상품화. 자본주의에서는 돈 자체가 교환을 매개하는 차원을 넘어서서 대규모로 축적이 되고 금융 시스템을 통해서 실물통화와도 무관한 돈이 흘러다니게 됩니다. 여기에서 발생하는 막대한 이자와 자본이득들이 있는데, 이것도 넓은 의미에서 일종의 지대라고 볼 수 있겠죠.

마지막으로 노동력의 상품화. 노동력이 상품화되면서 낳은 현상 중 하나가 '일하지 않는 자는 먹지도 말라'는 반대논리가 노동 쪽에서도 득세한다는 겁니다. 결국 자기 노동력을 팔아야만 먹고사는 세상이 되었는데 과연 그게 바람직한가에 대해 근본적으로 생각해 볼 필요가 있다고 생각합니다.

상품화된 것들에 대한 공유화를 대안으로 얘기하자면, 일단 토지는 가능하다고 봅니다. 돈 같은 경우도 이자가 붙지 않는 돈, 또는 가지고 있으면 오히려 화폐가치가 줄어드는 역이자화폐, 중앙은행이 발행하는 화폐가 아닌 지역화폐 같은 돈이 대안으로 얘기되고 있고요. 그리고 노동력의 상품화 구조에서 벗어나는 데 관심을 끄는 게 오히려 기본소득이라는 생각이 듭니다. 이런 형태의 대안들이 논의가 되고 있긴 한데, 하나로 엮이지는 않는 것 같아요. 그게 지금 논의의 한계가 아닐까 싶습니다.

끊어진 관계의 복원

하승우   저는 자본주의를 시스템으로 얘기하라면 이렇게 얘기하고 싶어요. 자연생태계에 노동을 가해서 생산을 하고, 생산된 것을 소비하고, 자본주의는 소비가 끝나면 폐기하겠죠. 그러니까 자본주의 체제는 돌아가면 돌아갈수록 생태계를 파괴시켜서 폐기시킬 수밖에 없는 체제인 거죠. 이런 측면이 하나 있고요.

또 다른 점에서 자본주의가 생산/유통/소비/폐기라는 각각의 단계를 끊어버렸다고 생각해요. 생산하는 사람들은 생태계가 어떻게 파괴되는지 모르고, 자기가 생산한 물건이 누구한테 가는지도 모르고, 소비자들은 자기가 산 물건이 무엇으로 어디서 생산됐는지 모르고, 자기가 쓰고 난 다음에 어디로 가는지도 모르는 거죠. 가령 음식물쓰레기를 계속 배출하며 그 쓰레기가 어디로 가는지 궁금해

하는 사람은 별로 없잖아요. 그냥 쓰고 버리는 진짜 쓰레기라고 생각하는 거죠.

이렇게 자연을 끊임없이 폐기하면서도 그 속에서 생활하는 각자가 무엇도 잘 모르는 시대로 가고 있는 건데, 저는 이것이 다름 아니라 자본주의의 본질이라고 봅니다. 과거 농경사회가 가지고 있었던 장점은 자연에 노동을 더해서 생산하는 사람들이 소비와 폐기까지 함께 한다는 점이었다고 생각해요. 가령 자기가 기른 것을 먹고 먹은 뒤 싼 똥이 거름이 되어 땅으로 가면서 다시 생산으로 돌아가는 것을 자연스럽게 깨우치기도 하고요. 그런데 지금 우리는 우리가 눈 똥이 어디로 가는지 모르잖아요. 하수구로 가는 것만 알지, 이게 실제로 어떻게 처리되는지는 관심도 없어요. 이런 체계적인 낭비와 망각이 개개인의 문제는 아니고 시스템이 그렇게 만들어져 있는 거죠.

이렇게 자본주의는 생태계를 파괴할 수밖에 없는 사회, 각 요소들을 낱낱이 끊어버리는 사회, 내가 무엇을 왜 만들고 어떻게 쓰는가에 관심을 가질 필요가 없는 사회를 만듭니다. 그리고 무한으로 생산하고 무한으로 쓰면 된다는 식의 관점을 주입시킵니다. 그래서 저는 생태계와 생명의 상품화를 막는 것도 필요하지만 이 시스템을 어떻게 바꿔서 다시 순환의 체계를 만들 것인가, 라는 고민이 중요하다고 생각해요. 순환의 체계를 만드는 과정에서 상품화도 일정 정도 통제할 수 있다고 봅니다.

그러니까 생산자는 자기가 쓰는 원자재가 어디서 왔는지 알아야 하고, 자기가 생산하는 게 어디로 가는지 알아야 하고, 소비자는 누가 어디서 무엇으로 생산하고 어떻게 생산하는지 알아야 하겠죠. 그리고 자기가 소비하는 것이 어디로 가는지 알게 되면 폐기되는 게 아니라 재활용될 것이고, 업사이클링이든 리사이클링이든 순환될 수 있는 가능성이 열리겠죠. 지금은 사실상 그 가능성을 다 막아놓은 거죠. 막힌 상태에서 유일하게 공유되는 건 상품과 가격뿐이고요. 노동자는 상품을 만들고, 소비자는 상품을 소비하는 형태로만……. 그렇지만 인간은 생산자이자 소비자로 살아갈 수밖에 없다고 봅니다.

그래서 저는 이 순환 시스템을 복원하는 게 자본주의에서 벗어날 힘을 만드는 데 있어 중요하다고 생각합니다. 그러려면 가장 중요한 건 끊어진 관계를 복원시키는 거예요. 한국에서 소비자생협이 처음 출현하게 된 계기도 그것과 맞물려 있다고 생각하거든요. 싼 농산물 가격 때문에 농산물을 많이 생산해야 하는 농민들은 농약을 뿌리게 되고 도시 소비자들은 농약 친 음식물을 먹는 과정에서 서로가 서로의 생명을 해치는 꼴이 되잖아요. 그래서 한살림 초기에 '생산자는 소비자의 생명을 보호하고 소비자는 생산자의 생활을 보장한다' 같은 구호가 등장했다고 생각해요. 농민이 농약을 치지 않고 소비자의 생명을 지킨다면 소비자도 농민이 생활할 수 있도록 적정한 가격을 보장하는 거죠. 이런 고민은 다시 순환 시스템을 만들려는 문제의식이었다고 봅니다.

사실 저는 탈자본주의 전략의 굉장히 중요한 축이 협동조합이라고 생각을 하는데, 문제는 자본주의는 여기에도 적응할 수 있다는 겁니다. 탈상품화의 전략만 있는 게 아니라, 재상품화 전략도 있는 거죠. 자본주의는 탈상품화된 것들도 다시 상품화시킬 힘을 가지고 있습니다. 말하자면 생협이 농민들이 생산한 농산물을 가지고 친환경 유기농이라고 하는 흐름을 만들었다면, 자본주의는 이걸 다시 유기농 '상품'으로 만드는 거죠. 그럼 다시 소비자들은 누가 어떻게 생산하는 건지에 관심을 안 갖게 되잖아요. 그냥 친환경매장에 가서 사면 되는 거고, 전과 마찬가지로 자기가 쓴 물건에 대해서, 그것이 어디서 와서 어디로 가는가에 대해 관심을 안 두는 거죠.

이렇게 자본주의는 생명력이 굉장히 강한 체제입니다. 자기에게 대항하는 사회전략에 대해서 다시 상품으로 만드는 전략을 쓰니까요. 처음에 이야기가 나왔던 것처럼, 석유에너지에 대한 대안으로 대체에너지가 등장했다면 자본주의는 그것마저 다시 상품으로 만들 수 있죠. 그래서 저는 탈자본주의의 전략이라고 하는 게 어떤 모델로 설명될 수 없다고 생각합니다. 이 모델을 실현하면 탈자본주의가 실현된다, 이거는 뻥이라고 생각해요. 지속적으로 자본주의와 맞서는 전략이 없으면 탈자본주의 자체도 다시 자본주의화되는 형식으로 갈 수밖에 없어요. 탈자본주의 가치를 내세울 때 사실은 굉장히 많은 것들이 다시 제압되어 재자본주의화되고 있는 거죠. 생협도 마찬가지고요.

이 싸움에서 우위를 점하기 위해서는, 상품으로 볼 것이냐 아니냐를 두고 논쟁하는 것보다 끊어진 고리들을 지속적으로 연결시키는 데 관심을 두는 사람들이 존재해야 합니다. 이건 제도로만 될 수 없고 지속적인 사회운동 전략이 있어야 하는데, 그게 어렵죠. 정당이 필요한 이유도 이런 이유 때문인 것 같아요. 사회운동이 일상이 되기는 힘들잖아요. 운동으로만 사회가 돌아가지는 않는 거예요. 결국 운동이 일어났다가 다시 일상화되기 마련이고, 그럼 일상과 운동 사이를 지속적으로 이어줄 수 있는 매개로서 정당과 같은 것들이 필요해집니다.

그런 점에서 자본주의는 경제의 문제이기도 하지만

정치의 문제이기도 해요. 정치 역시 경제와 뗄 수 없는 관계이고 마찬가지로 각각이 가지고 있는 연결고리를 다 끊어버리는 거니까요. 주권자라 불리는 시민은 자신의 권력이 어디서 어떻게 만들어지고 어떻게 사라져버렸는지 모르고, 대표자라 불리는 정치인들은 자기가 대리자임을 잊고 권력이 마치 자신의 것인 양 군림하고 있으니까요.

이런 가운데서 사람들이 대안을 몰라서, 또는 상품화가 좋아서 상품을 구매하고 소비한다기보다는 대안으로 선택할 수 있는 것들조차도 다시 상품화되는 과정에서 우왕좌왕하고 있는 게 아닐까 싶어요. 스스로 아무리 발버둥을 치더라도 '나는 역시 자본주의 속에서 생활할 수밖에 없겠다'고 하는 일종의 열패감이 지금의 시스템을 작동시킨다고 생각하거든요.

일례로 오쿠다 히데오의 소설 『남쪽으로 튀어』를 사람들이 굉장히 좋아했던 이유는, 그게 판타지여서일 거예요. 자기도 그렇게 '튀고' 싶은데 못 튀니까요. 모든 사람들이 다 그 소설의 주인공처럼 자본주의 바깥으로 튈 수 있다면 그 이야기가 그렇게 많이 읽히지 않았을 거라고 생각하거든요. 왜냐하면 그건 이미 시시하니까.

결국 우리가 선택할 수 있는 전략으로서 자본주의에 대한 대응 전략도 중요하지만, 어떤 면에서는 지속적으로 사회운동화할 수 있도록 고리를 연결시켜주는 매개 작업들이 필요하고 누군가는 구체적으로 그런 작업을 맡아야 한다고 봅니다. 뭔가 고정된 대안은 다시 상품화가 될 수 있어요. 예를 들어 기본소득이라는 대안 역시 그에 맞춰서 상술을 펴는 기업들이 등장할 수 있겠죠. 가만히 있으면 다시 자본주의화될 수 있으니 원래 취지를 지키고 그것으로 돌아가도록 지향할 수 있는 사회적인 힘, 에너지, 역동성, 이런 게 필요해요.

그래서 어렵다고 생각해요. 이를테면 녹색당으로만 되는 게 아니라 녹색운동이 필요한 거죠. 녹색운동이 끊임없이 사건을 일으키고, 녹색당은 이런 사건들을 일상화하는 작업들을 계속하고, 그러면서 재자본주의화를 막아야 하는데, 이런 힘들이 우리 사회 속에서 과연 어느 정도로 형성될 수 있을 것인지 고민입니다.

사례만으로는 안 된다

하승수   아까 이야기했듯이 토지라는 것은 자본주의 초기에 가장 큰 공유자산이었는데 사유화가 되었고, 이후로 지금은 더 다양한 공유자산들이 계속 사유화되고 있는데, 사실 그 자체를 반대하거나 막는 것만으로는 어려운 거죠. 어렵기 때문에 끊임없이 운동을 통해서 새로운 사례들을 만들어내고 정치적 의미를 부여하고 증폭시키는 게 정당이 해야 할 역할이라는 생각이 들어요.

그래서 요즘 이런 것들을 주목하게 되는데요. 토지 사유화라는 게 아주 극단적으로 임대료 상승이나 주거불안정 등으로 나타나고 있고, 거기 대응하기 위한 자구적인 노력들이 여러 군데서 벌어지고 있지 않습니까. 상가임차인들이 '맘상모'(맘 편히 장사하고픈 상인 모임)를 만들어서 저항하는 것, 청년들이 공동주거공간을 만들려고 하는 것…… 서울 마포구 망원동에서는 낡은 주택을 개조해서 싼 월세로 내놓는 시도도 있더라고요. 이런 것들이 일종의 자구 노력이라는 생각이 들어요. 운동 차원에서 작지만 나름대로 시작은 되고 있지 않나 싶고요.

화폐 관련해서도 지역화폐운동이 계속 있어왔고, 최근에는 무이자은행도 시도되고 있습니다. 충남 홍성에서 2015년 봄부터 작은 규모로 무이자대출을 하는 '도토리회'라는 단체를 만들었거든요. 그 외에도 소액대출을 빈곤층도 받을 수 있게끔 하는 시도들이 여러 군데서 협동조합 형태 등으로 이루어지고 있어요. 제가 얼마 전에 서울 지역의 지역아동센터 교사들 모임엘 갔었는데, 그분들끼리 돈을 모아서 소액대출을 하는 사업을 하고 있더라구요. 돈의 상품화, 그리고 거대 금융자본에 포섭되고 있는 것에서 우리부터 벗어나보자는, 작지만 의미 있는 시도라는 생각이 들었죠.

그런데 문제는 아까 이야기한 것처럼 자본주의라는 게 끊임없이 자기 시스템으로 끌어들이는 속성이 있다는 거죠. 예를 들어 신용협동조합은 원래 농민들이나 광부들이 이런 자본주의 금융 시스템에서 좀 다른 걸 만들어보자 해서 자구적으로 만들어진 것이었는데, 지금은 대부분의 신용협동조합들이 금융기관처럼 되어버렸다는 게 자본주의의 무서운 면인 거 같아요. 유기농도 마찬가지로 운동 차원에서 시작이 됐지만 지금은 상품화되고 있는 것처럼요. 재생에너지도 지금은 햇빛발전협동조합들이 많이 생겨나고 있지만 대규모 자본이 얼마든지 장악해버릴 가능성이 항상 있는 거고요. 자본주의의 엄청난 흡수력인 거죠.

그래서 이런 근거를 만드는 운동, 이 근거들에 탈자본주의적인 방향으로 정치적 의미를 부여하고 증폭시켜나가는 것, 이런 것들이 잘 맞물려서 가지 않으면 안 될 것 같습니다. 그냥 사례만 만든다고 될 문제도 아니에요. 왜냐하면 그 사례는 언제든지 표변할 수도 있고, 아니면 자본주의가 그걸 받아들여서 자본주의적인 방식으로 대체할 수도 있으니까요.

그러니 탈자본주의라는 게 굉장히 지난한 과정일 거라고 봅니다. 지금의 대한민국은 특히 더 그럴 수밖에 없고요. 일종의 상품화된 토지, 공유자산, 돈, 노동력, 이런 것들이 극단화돼 있고, 거기에 비해 대안들은 이제 단초 정도가 마련돼 있는 단계잖아요.

그리고 1980년대, 90년대까지도 한국 사회 운동권에서 마르크스주의가 굉장히 강한 영향력을 발휘했는데, 대한민국에서 받아들여진 마르크스주의라는 건 운동과 정치의 상호관계, 근거나 사례들의 의미부여 면에서는 약한 이론이었다는 생각이 들어요. 거대담론이 중심이고 중앙집권적인 측면으로 받아들여지기도 했고, 운동과 정치의 상관관계 같은 것들을 잘 규명하지 못하는 틀로 받아들여지지 않았나. 마르크스주의 자체의 문제라기보다는 한국 사회의 맥락 하에 그렇게 받아들여진 면이 있는 것 같아요.

물론 마르크스주의도 다양한 스펙트럼이 있으니까, 생태사회주의 같은 경우는 제가 계속 말씀드리는 내용하고 거의 맞닿아 있는 것 같아요. 단절을 극복하고 관계를 복원하려면 결국 지역 중심으로 가야 한다, 지역분권·지역순환적인 사회구조나 경제구조로 가야 한다는 문제의식이죠. 운동과 정치의 관계도 비슷하게 바라보는 것 같고요.

하승우 녹색당은 탈자본주의 혹은 생태사회주의를 표방하고 있나요?

하승수 표방하는 건 없지요. 그런데 하나의 이념으로 정리되는 것이 정당으로서 바람직한가에 대해서는 의문이 있을 수 있습니다. 어떤 생각이나 어떤 흐름이 좀 더 그 정당에서 유력한 의견 그룹을 차지하느냐는 있을 수 있겠지만요. 외국의 녹색당을 보더라도 자본주의에 대해서 어떤 입장인지가 어느 한 방향으로 명확하다기보다는, 영국 녹색당 같은 경우 지금은 녹색좌파 내지는 생태사회주의가 상당히 강한 의견 그룹을 형성하고 있는 것 같은데 그렇다고 전체를 다 그렇게 보기는 어려울 것 같거든요. 저는 그게 오히려 자연스럽지 않나 생각해요.

그리고 탈자본주의를 지향한다고 했을 때 이후 대안사회의 모습을, 생태사회주의라고 표현하는 그런 모델로 생각하는 분들이 많을 것 같아요. 그런데 그걸 굳이 생태사회주의라고 불러야 되나? 이런 논의도 있을 수 있다고 생각됩니다. 자본주의를 근본부터 비판적으로 바라봐야 한다는 메시지 정도는 녹색당 강령에도 들어가 있지만, '탈(脫)'을 이야기할 때 그러면 벗어난 그다음이 뭐냐는 건 항상 손에 잡히지 않는 숙제이고요.

여하튼 자본주의의 근본적인 문제점에 대한 얘기는 더 많이 할 필요가 있겠다는 생각이 듭니다. 토지의 사유화를 지금 너무 당연하게 받아들이고 있지만 그 자체에 대해서 문제제기를 하는 것이 필요하지 않나. 근대 자본주의가 토지사유제를 기본으로 한다는 건 역사적으로 분명해 보이거든요. 자본주의 이전의 사회가 토지를 사적소유, 배타적인 소유의 대상으로 바라봤던가 생각해보면 그렇지는 않았던 것 같아요. 상당히 많은 부분이 공동 접근·이용이 가능하지 않았을까 추측해봅니다. 토지 사유제를 비판적으로 바라보는 것 자체가 자본주의를 근본적으로 비판하는 것과 상당히 연결돼 있다, 그런 이야기들을 우리가 해나가고 대안을 만들고 사례를 만들고 해야 되지 않을까요. 만약 한국 사회에서 토지 사유화 자체를 비판한다고 하면…….

하승우　'종북 좌빨'로 몰릴 공산이 크죠.

하승수　(웃음) 그러기 딱 좋은 거죠. 그런데 토지를 국가소유로 하는 국유화와 토지를 공유재산으로 보는 '공유화'와는 같은 개념이 아닌데, 사람들이 이 차이를 이해하지 못하는 사회에서 토지 공유화 같은 화두는 오해될 소지도 있습니다. 그렇지만, 자본주의를 근본적으로 비판한다는 면에서 꼭 필요한 관점이라고 봅니다. 그래서 헨리 조지가 주장했던 토지를 공유재로 보는 관점을 중요하게 받아들일 필요가 있고요. 헨리 조지는 토지를 공유재로 보았지만, 대안을 국유화가 아니라 토지보유세를 강화하는 것으로 잡았다는 점에서, 지금 시점에서도 참고할 만하다고 생각합니다. 그리고 대한민국 헌법에서 경자유전의 원칙을 정하고 있는 것이나 1949년에 고 조봉암 선생이 주도해서 농지개혁을 했던 것도, 토지는 사적 소유의 대상이 아니라 공유재라는 관점이 들어 있었다고 볼 수 있죠.

차베스 정권은 어떻게 했나

하승수   한국 자본주의가 이렇게 엉망이 된 건 한국의 국가 시스템하고 연관된 부분이 많아요. 예를 들어 한국의 법원은 극단적으로 친자본주의적입니다. 거의 대부분의 상황에서 자본의 이익에 손을 들어주는 형편이죠. 그러면 이런 사법 시스템을 그냥 유지한 상태에서 예를 들면 대통령이나 국회의원들이 법안을 만들거나 어떤 조치를 취한다면, 헌법재판소나 대법원에서 다 깨지는 거죠. 실제로 그런 경험도 있고. 미국에서도 루즈벨트 대통령이 뉴딜 할 때 미국대법원이 제동을 걸었던 적도 있고요.

그러니까 어떻게 보면 자본주의하고 같이 형성된 게 근대적인 국가 시스템이잖아요. 이 시스템 자체를 바꾸지 않고서 과연 탈자본주의적인 전환이라는 게 가능하냐? 이런 고민들을 하게 되더라고요. 선거로 움직이는 국회 시스템도 그렇고…….

그렇다면 국가권력을 장악해서 완전히 해체하거나 전환시켜야 되는 거냐? 그 접근법이 맞냐? 국가가 중요하고 국가 정책이 중요한데, 그럼 우리가 다수파가 돼야 그걸 바꿀 수 있는 거냐? 다수파가 되기 위해서 해야 하는 선택들이라는 게, 제가 보기에는 오히려 탈자본주의하고 점점 더 멀어질 수 있는 딜레마에 빠져 있거든요. 어쨌든 그것도 과정으로 봐야 되지 않을까 생각해요. 지금은 자본주의 생성과 함께 만들어진 중앙집권적이고 관료적인 국가 시스템에 대해서 문제제기를 하는 게 필요하고, 그게 정치공간에서 이루어져야 한다고 봅니다.

그리고 탈자본주의 전략 중 중요한 키워드가 지역화 전략인데, 이것도 정치공간에서 끊임없이 얘기하고 논쟁해야 된다는 생각이 들어요. 이건 우리가 꼭 다수파가 돼야만 할 수 있는 일이 아니라 지금부터 해야 하는 일이고요.

하승우 저는 사실 토지의 상품화를 멈춰야 한다는 것이 1960~1970년대였다면 주요한 사회변화 전략일 수 있을 것 같은데, 지금으로선 잘 모르겠어요. 우리가 농민으로 살고 있다면 토지문제가 큰 의미를 갖겠지만 지금은 더 많은 수가 기업에서 일하는 노동자들이고 농민은 10

퍼센트도 채 안 되는데, 토지문제가 노동자들을 설득시키는 방법이 될 수 있을까라는 고민이 필요합니다.

그리고 지역화 전략에 대해서는 저도 요즘 베네수엘라의 사례를 살펴보다가 고민에 빠져 있는데요. 차베스가 대통령에 당선되고 난 뒤 헌법을 바꿔서 법률을 통과시키고 그걸 밀고나가게 되죠. 그런데 문제는 대부분의 기업들이 여전히 자본가들의 손에 있고 기업에서 일하는 노동자나 노동조합들은 그 이전 정부와 일종의 거래 관계에 있었기에 차베스가 당선되었을 때 노동조합총연맹이 파업을 한단 말이죠. 일 년에 네 번 정도 장기파업을 하기도 하고. 그래서 실제로 베네수엘라 경기가 확 떨어져요. 생산이 중단되니까. 이때 이 사람들한테는 토지의 문제가 아니라 생산관계와 임금 보장, 노동조건 문제가 피부에 더 와 닿는 얘기들인 거죠. 사실 베네수엘라에서도 원래는 농민이 많았는데, 급속하게 산업화되면서 농민 수가 빠르게 줄어들었고, 많은 수가 일종의 비공식부문 노동자로 살아가고 있죠. 행상을 한다든가…… 차베스가 조직한 사람들이 바로 이쪽 사람들이거든요. 농민하고 비공식노동자들을 공식화시킨 거예요. 반면에 기존의 공식 노동자들은 여전히 차베스에 적대적이고, 언론도 적대적이라고 할 수 있습니다. 사주들이 다 기득권층이거든요.

이런 상황에서 차베스가 활용할 수 있는 게 뭐냐면 헌법을 개정해서 대통령 직권으로 법을 통과시킬 수 있도록 하고 그렇게 해서 만든 법령과 자신과 뜻을 같이 하는 조직들이에요. 차베스는 기존의 노동조합과 계속 갈등을 빚자 자신을 지지할 어용노동조합연맹을 만들려고 해요. 어용이라고 말하니까 이상한데, 자기 정책을 지지하는 노동조합연맹을 만들고, 농민들한테는 협동조합 전략을 써서 말씀하신 토지의 공공화 전략을 쓰려 했던 거죠. 베네수엘라 석유회사 말고 다른 전략적인 국유기업에 대해서는 국가가 매수해서 코헤스티온(cogestión)이라고 불리는 일종의 공동경영전략을 모색하는데, 국가 51퍼센트, 노동조합 49퍼센트 지분으로 나누고 운영해서 생산관계를 변화시키려 했어요. 그리고 주인이 경작하지 않는 토지가 있으면 국가가 수용해서 협동조합을 구성한 농민들한테 경작권을 주는 거예요. 안 되면 국가가 아예 매수해버리고, 경제권 협동조합을 만들어요. 그래서 협동조합도 차베스 정권 동안 11만 개가 만들어지고, 코헤스티온을 하는 전략적인 국유기업과 정부가 매수한 기업이 100개가 넘어요.

그런데 문제는 차베스 정권에 대한 평가는 '실패했다'라는 거죠. 협동조합을 10만 개 넘게 만들었는데 지원기간 이후에 살아남은 건 3분의 1 정도예요. 코헤스티온을 했던 기업들도 여러 가지 어려움으로 정부가 노동조합의 지분을 가져가게 되어 차베스는 코헤스티온이 실패했다고 선언해요. 4년 정도 지나면서 국가가 지분을 가져가려고 하고 다시 노동조합과 싸우는 형식이 되면서 노동자들과 대립하게 되고. 그래서 차베스는 자신에게 우호적인 노동조합연맹을 쉽게 만들지 못합니다.

차베스는 계급보다는 빈민들에게서 자신의 지지세력을 만들려 합니다. 민중들의 시위로 쿠데타 세력에게서 풀려난 차베스는 경제위기를 극복하기 위해 2003년부터 개혁 프로그램인 미시온(Misión)을 추진합니다. 문맹퇴치를 위한 미시온 로빈손(Misión Robinson I, II), 나이에 상관 없이 교육을 하고 고등학교 졸업자격을 주는 미시온 리바스(Misión Ribas), 고교 졸업자들에게 대학 교육을 실시하는 미시온 수크레(Misión Sucre), 쿠바와 연대하여 무상 의료서비스를 제공하는 미시온 바리오 아덴트로(Misión Barrio Adentro I, II), 저렴한 가격에 좋은 품질의 식재료를 공급하는 미시온 메르칼(Misión Mercal), 노동자들에게 기술을 교육시키는 미시온 부엘반 카라스(Misión Vuelvan Caras), 토지를 공동소유하고 빈민과 원주민의 인권을 강화시키는 미시온 기카이푸로(Misión Guicaipuro), 집 없는 사람들에게 공공주택을 공급하는 미시온 아비타트(Misión Habitat) 등의 미시온들이 적극적으로 추진됩니다. 이런 다양한 미시온들을 추진하기 위해 차베스는 국영석유회사가 '사회와 경제발전을 위한 기금(FONDEDPA)'을 조성하도록 해서 사회경제개발은행(BANDES)이 기금을 운용하도록 합니다. 그리고 정부도 예산의 40퍼센트 정도를 미시온에 투자합니다. 그리고 차베스는 주민평의회(Consejos Comunales)를 만들어서 지역의 자치력을 회복시키려 합니다. 중앙정부만 장악하고 지방정부는 여전히 기득권이 장악하고 있는 상태였기 때문에 차베스는 지방정부를 경유하지 않고 직접 지역에다 재원을 지원합니다. 그렇게 해서 지방정부를 거치지 않는 다양한 주민평의회 조직들이 만들어집니다. 또한 차베스는 볼리바리안 서클(Bolivarian Circle)이라고 불린 준정치 조직을 만들어서 전국에 10만 명 정도가 활동하기도 합니다.

그런데 이것들에 대해서도 차베스가 일정 정도 실패했다고 선언해요. 왜냐하면 오랜 기간 뒤를 봐주는 내외부의 후견인들이 지역사회와 산업을 지배해온 상태에서 사회가 전환하려면 실질적인 전환의 시간과 전환을 추진할 힘이 필요한데요, 그런 시간과 힘의 확보가 쉽지 않은 거죠. 차베스가 사회의 모든 자원을 장악한 상태에서 사회주의 전략을 썼다면 다르겠지만(그랬다면 독재라는 비판이 가해졌겠죠), 매우 강력한 적대세력이 존재하는 조건에서 자기 전략을 쓰니까 당연히 역공이 들어오는 거죠. 이런 적대적인 상황에서 전환의 시간을 얼마나 확보할 수 있을 것인가, 전환의 힘을 얼마나 조직할 수 있을 것인가, 이런 부분이 관건이라고 생각합니다.

이렇게 주민평의회, 협동조합, 볼리바리안 서클, 코헤스티온 등 다양한 전략을 썼고 재임기간 동안 많은 예산을 집중시키며 밀어붙여도 효과가 크게 없었다는 거예요. 왜 그럴까요? 미시온이나 주민평의회가 가난한 사람들의 삶을 많이 개선시켰지만 그것만으로는 조직화가 잘 안 되는 거예요. 정치문화는 쉽게 바뀌지 않으니까요. 그러니까 사업을 내려주면 사업은 돈을 받아서 하는데 차베스가 생각하는 기대효과가 안 생기고 오히려 부패가 생기는 거죠. 그러니까 또 기득권이 장악한 언론들은 집중포화를 가하고요. 봐라, 차베스 정권이 결국 부패밖에 못 가져온다, 이런 식으로 말이죠.

그리고 지금도 마찬가지이지만 차베스가 대통령에 당선되었을 때에도 베네수엘라의 경제가 제 궤도에 올랐다고 보기는 어려웠어요. 사회변화를 강력하게 추진하더라도 조직된 세력들(기득권층이든 정규직 노동자들이든)이 그

정책에 대해 적대적으로 나오면 뭘 하기가 쉽지 않다는 겁니다. 2003년에만 노조가 총파업을 네 번 정도 해서 실제로 공장을 가동한 시간이 3개월 정도밖에 안 됩니다. 한국으로 치면 전경련 같은 곳이랑 손잡고 총파업을 일으키기도 하고요. 노동조합은 자기 이해관계를 보장받고자 차베스랑 거래를 하고 싶어 하고, 차베스는 조직 노동자들이 이미 많은 것을 가지고 있다고 생각하니까 비공식 부문의 빈민들을 열심히 조직한다는 전략을 세웠던 거고. 이 둘 사이의 골이 깊어질수록 계속 문제가 생기는 거고요.

베네수엘라의 사례는 변화의 불가능이 아니라 변화의 어려움을 증명한다고 봅니다. 자본주의와 맞서 싸운다는 건 지난 100년 동안 사람들의 유전자에 각인되어온 상식이나 편견과 싸우는 것이기도 하다고 생각해요. 그런 점에서 저는 변화의 전략이 중요한 기회를 놓치지 않으면서도 기존의 권력관계에서 새롭게 이해관계를 재구성할 실마리를 제시해야 한다고 봅니다.

한국도 중요한 기간산업에 대한 부분들은 안 건드리고 노동조합에 대해서 얘기하지 않고 경제를 얘기하는 순간, 그 부분이 부메랑처럼 돌아올 수 있다고 봅니다. 사실 베네수엘라처럼 재벌의 힘이 약하지 않고 더욱더 강력한 기업집단들이 있다고 볼 수 있는데, 거기에 대해서 우리가 어떤 식의 변화를 요구할 것인가 구체적으로 얘기하지 않으면 탈자본주의라는 건 구호에 그칠 가능성이 있어요. 단지 토지뿐만이 아니라 생산관계의 문제를 어떻게 바꿀 거냐, 노동에 대해서 어떤 식의 전략을 취할 거냐에 대해서 답이 없으면 어렵지 않을까요. 가령 민주노총이 녹색당에 동의를 안 한다고 생각해봅시다. 왜냐하면 녹색당은 자동차산업을 축소시켜야 한다고 얘기하니까, 우리는 저런 데랑 함께 하지 못하겠다고 한다면…….

정의로운 전환의 길

하승수   그래서 정의로운 전환이라는 이야기가 나오는 건데요. 탈자본주의든 생태위기를 극복하기 위해서든 산업구조의 전환이 필요한 거고, 매우 어려운 과정이 되겠죠. 아까 이야기했던 세 가지 상품화로부터 벗어나는 대안을 만드는 것도 장기적으로 꾸준히 가야 할 문제고요…… 그중에서 토지 문제로 잠깐 돌아가 볼게요. 한국사회에서 소유를 직접 건드리고 토지를 강제로 몰수하기는 힘들지만, 다만 농촌의 농지는 경작을 포기하는 경우들이 많아지고 있습니다. 그런 것들을 국가가 매입하거나 장기임대를 해서 농민들에게 제공하는 방식은 충분히 가능합니다. 농지가격에 거품이 끼어 있는 부분을 해소하려면, 농지전용을 강력하게 규제하고 부재지주가 갖고 있는 농지에 대해서는 보유세를 강화하는 것이 필요할 거라고 봅니다.

문제는 도시에 있는 토지들인데요. 지나치게 가격이 올라 있습니다. 지역으로 인구와 경제력을 분산하는 정책을 펴고 농업·농촌을 살리는 것이 장기적으로는 도시의 땅값을 안정시킬 수 있을 것입니다.

그리고 지금 필요한 건 일종의 공개념이라고 생각합니다. 임대료를 직접 규제하고, 지금 아직도 남아 있는 국·공유지라도 잘 지켜내고, 불필요하게 과다 소유하고 있는 토지·건물에 대해서 정당한 세금을 물리는 것은 당연히 해야 할 일입니다.

결국 생활이나 경제활동에 기반이 되는 게 부동산이기 때문에, 거기에 대해 이해관계를 가진 사람들이 굉장히 많죠. 주택 문제에는 거의 모든 시민들이 이해관계가 있고, 자영업자들은 상가에 대해서 이해관계가 있습니다.

토지의 공개념을 회복하는 것은 농촌은 농촌대로 도시는 도시대로 중요한 의미가 있는 일이고, 전략을 짜서 풀어나가야 할 과제라고 봅니다. 아까 말씀하신 것처럼 일본에서도 경작 포기한 농지들을 지자체가 청년들한테 연결해준다든지 하는 일들을 이미 하고 있더라고요.

그런 식으로 공유개념을 넓혀나가는 것은 가능하다고 생각하는데, 아까 하승우 씨가 지적한 부분이 대개 어려운 문제죠. 생활이나 경제활동 기반으로서 토지문제는 그렇다 하더라도, 산업 자체를 어떻게 할 것이냐. 현재 대한민국은 어쨌든 수출 대기업이나 그에 따른 몇 개 업종이 경제에서 차지하는 비중이 너무 큰 상황인데 이걸 어떻게 할 것이냐. 사실 제일 큰 고민 중 하나는 에너지기업하고 자동차기업 같은 곳들이 직접적으로 당장 문제가 되는 거죠.

화석연료자동차 같은 경우는 어쨌든 현재 상황에서는 규제의 대상이 될 수밖에 없어요. 정당한 환경적인 비용을 물리거나 규제를 해야 하는 상황이죠. 원전이나 석탄 중심의 발전산업, 석유화학산업, 건설업 등등 모두 대한민국의 대표적인 산업들인데……. 산업의 양적인 성장을 추구한다면 화합의 접점을 찾기가 쉽지 않죠.

다만 산업별로 따져봐도 전환이 필요하긴 합니다. 자동차산업 같은 경우는 전기자동차 등으로 장기적인 전환을 해나간다고 했을 때 현재 화석연료 중심의 자동차 산업은 급격한 변화를 겪을 수밖에 없거든요. 현대자동차의 현재 위치가 앞으로 유지된다는 보장은 전혀 없는 상황인 거죠.

그렇다면 어떻게 할 거냐? 사회공동체가 그런 문제들에 대해서 같이 고민하고 대안을 찾아야 하는데 그 과정에서 분명히 갈등은 있을 수밖에 없죠. 그런 부분에 대해서 준비를 안 한다는 게 문제라는 생각이 들어요. 친환경적인 지향 때문에 그런 상황이 오는 게 아니라 어차피 올 상황이라는 거죠. 화석연료 자동차가 퇴조를 하게 되고, 원전이나 석탄화력이 오래 못 간다는 것은 너무 분명한 사실이잖아요. 이런 상황이니까 녹색당에서는 빨리 대책을 세워야 된다는 건데, 오히려 다른 데들은 그런 이야기 자체를 안 하고 있는 셈이죠. 전환의 필요성이 있음에도 불구하고.

어쨌든 지금은 정의로운 전환의 방법을 찾는 길뿐인데, 원전은 오히려 간단할 수 있어요. 원전을 폐쇄하고 해체하는 작업(폐로)이라는 게 워낙 큰일이니까. 일자리라는 게 그렇게 쉽게 줄어들지도 않을 거고요. 그리고 석탄 쪽도 어느 정도는 가능해요. 석탄화력발전은 아직까지는 공기업들이 많이 하고 있는데, 그 회사들이 재생가능에너지 쪽으로 전환하도록 유도하는 것도 가능하고요.

물론 지금의 지위를 유지하기는 쉽지 않을 수 있지만요. 왜냐하면 재생에너지를 지역분산용으로 한다고 했을 때 지금처럼 일정한 부지에서 대규모로 전기를 생산하는 발전회사들이 잘 어울리지 않을 수도 있고, 지금보다는 입지 자체가 줄어들 수 있겠죠. 그렇지만 그 발전회사들도 지역분산형 전력시스템으로 가는 과정에서 자기 역할을 찾는다면 또 길이 전혀 없지는 않을 거라고 생각해요. 산업별로 구체적으로 들어가서 이런 정의로운 전환의 길을 찾아야 되지 않을까 싶습니다.

"자력화하지 않는 시민은 시민이 아니다"

하승수 앞서 베네수엘라 사례를 흥미롭게 들었어요. 국가권력을 장악해가지고 그 힘으로 밀어붙이겠다는 전략이 기간을 단축시킨다고 볼 수도 있지만 실제로는 많은 어려움에 봉착하게 된다는 것을 재확인시키는 듯합니다. 그런 전략이 단순명쾌하게 보이기는 하지만 문제에 부딪히죠.

하승우 그런데 저는 차베스가 과거의 사회주의 전략을 똑같이 썼다고 생각하지는 않습니다. 차베스는 헌법에 '민중의 자력화'를 집어넣었거든요. 자력화하지 않으려고 하는 시민은 시민이 아니다, 이렇게요. 만약 과거의 사회주의 전략이었다면 국유화 전략을 썼겠죠. 국가가 모두 관장하고 통제하는 계획경제로 갔을 텐데, 그걸 하지 않기 위해서 다른 실험 방식을 택한 거예요. '21세기 사회주의 전략'이라고 하면서요. 지역화 프로젝트의 경우 지역에 있는 산업들을 연결시켜서 일종의 특구를 만드는데, 이걸 중앙정부가 아니라 아까 말한 코헤스티온과 협동조합들을 연계해서 하는 거죠.

그러니까 다시 평가하자면 성공한 부분도 있어요. 인베발(Inveval) 같은 기업은 나름 성공모델로 불리니까요. 문제는 모두 같이 실패한 게 아니라 성공한 곳이 있는데 이 성공이 특수한 사례일 수 있다는 점입니다. 지역화 전략이라고 하는 것의 맹점이죠. 지역의 특수성이 굉장히 많이 반영될 수밖에 없는데 보편적인 성패의 사례가 된다는 겁니다. 어떤 곳은 굉장히 처참하게 실패하는데, 그렇게 실패하게 됐을 때 한 지역의 실패 사례가 되는 게 아니라 '너희들 때문에 다 망했어' 하는 식으로 역공을 받게 돼요. 극단적으로 평가가 달라집니다.

국유화 전략을 택하지 않았기 때문에 생기는 약점도 있습니다. 다큐멘터리 〈혁명은 TV에 나오지 않는다〉를 보면 차베스가 구금당한 이틀 동안의 이야기가 나오는데, 미디어가 방송하는 내용을 보면 굉장히 놀라워요. 과거의 사회주의 전략이었다면 민영방송사들이 다 없어지고 국유화되었을 텐데, 그렇지 않거든요. 사실 그렇게 안 했기 때문에 차베스의 어려움이 커진 측면도 있어요. 국유화 방송은 하나인데, 일반 방송들은 죽어라 차베스 욕만 하니까 시민들 입장에서 볼 때는 '뭐가 진짜야?'라고 생각할 수밖에 없는 거죠.

그러니까 차베스가 국가권력을 장악해서 주도하려고 했다면 더 오래 버틸 수도 있었겠다 싶어요. 물론 쿠데타가 일어났겠죠. 하지만 다른 식의 전략, 특히 차베스가 아래로부터의 역량을 끌어올리려고 부단하게 노력하고 굉장히 많은 자본을 투여했는데, 문제는 이 지역화 전략이 자본주의 사회에서는 잘 안 먹힌다는 거죠.

왜냐하면 베네수엘라의 기득권층도 뿌리가 깊거든요. 식민지도 있고 40년 동안 푼토피호협정(Pacto de Punto Fijo)에 따라 한국으로 치면 새누리당하고 더불어민주당이 번갈아 집권하는 식이었어요. 누가 집권하더라도 상대방 지분은 보장해주기, 이런 식인 거예요. 그러니까 절대로 제3의 정당이 집권할 수 없는 구조인데, 1989년도에 카라카조(Caracazo) 민중봉기가 터지고 차베스가 쿠데타를 일으켜 권력을 장악했어요. 차베스는 자기 권력이 모래성이라는 걸 아니까 아래로부터 권력을 재구성하려고 했는데 이게 쉽게 안 먹힌다는 거예요. 사람들이 그동안 살아왔던 습(習), 인이 박혀 있는 습관이 있으니까 위에서 강력하게 드라이브를 걸어도 밑은 잘 바뀌지 않는…….

이 자본주의라고 하는 게 그냥 체제라면 차라리 쉬운데, 생활이고 문화이고 삶이기도 한 거잖아요. 물을 마시는 걸 예로 들어보면, 지금은 아무도 옛날처럼 우물에서 물을 떠다 먹겠다고 생각하지 않듯이 결국 오늘날 생수를 사다 마시는 사람들에게는 물의 사유화라는 것이 잘 이해되지 않는다는 거죠. 물은 사서 먹는 것, 이런 인식 자체가 바뀌어야 하는데 시스템을 전환하는 것만큼이나 생활의 전환이 안 받쳐준다는 거예요. 그만큼 어렵고, 획일적으로 밀어붙여도 어려운데 지역화해서 실행한다는 건 사실 굉장히 큰 모험이기도 한 거죠.

저는 그래서 지역화된 경제모델로 가야 된다는 방향은 분명히 맞지만, 현실에서 유효한 전략으로 받아들여지려면 고민해야 할 지점들이 굉장히 많다고 봅니다. 더구나 한국에서도 지역내총생산(GRDP) 같은 걸 보면 지방은 다 올랐거든요. 예를 들어 충청남도의 지역내총생산은 지난 20년 동안 6배 이상 늘어났단 말이죠. 그런데 충남도민들의 살림살이는 나아지지 않았단 말이에요. 돈들이 다 빠져나가니 지역화해야 한다고 주장할 수 있겠지만 지금 상황에서 지역화한다고 하면, 미국 회사들이 기업을 빼가듯이 한국 기업들도 당연히 그렇게 할 텐데……

제가 볼 때는 기업은(적어도 한국의 재벌들은) 중앙집권국가를 좋아하거든요. 자기들이 이용하기 편하니까. 그랬을 때 과연 전환이라고 하는 전략이 지역사회에서 효과적으로 먹힐 수 있을 것인지에 대한 고민이 필요합니다.

그래서 탈자본주의라고 하는 건 선언하기는 굉장히 쉽지만 일상생활의 습관과 문화로 바꿔야 하고 시스템도 바꿔야 하고 제도도 바꿔야 하고, 그 바꾸는 기간을 유지할 수 있는 강력한 결집력도 필요하고, 결집력만 있으면 되는 게 아니라 이걸 지역화해서 고민할 수 있는 주체들도 등장을 해야 되고…… 하여튼 굉장히 어려운 거죠. 그래서 베네수엘라 사례를 보면, 20년 정도 빡세게 붙어야지 가능할 텐데 그것도 전제조건이 굉장히 좋아야지 해볼 만하겠다 싶어요.

체제 전환의 실마리들

하승수 결국에는 탈자본주의의 호흡을 우리가 어느 정도로 잡을 거냐의 문제가 중요하다고 생각합니다. 탈자본주의라는 걸 10년 호흡으로 보느냐, 20년 호흡으로 보느냐, 50년 호흡으로 보느냐, 그에 따라서 접근 방법이 굉장히 많이 달라질 수 있겠죠. 어쨌든 자본주의가 오랜 세월 동안 여러 번의 위기를 극복해왔고, 단지 경제 시스템만이 아니라 정치, 사회, 생활의식까지도 규정하고 있는 거라고 본다면 거기에서 벗어나는 탈자본주의의 호흡은 상당히 길게 잡아야 한다는 생각이 들어요. 최소한 50년, 100년 정도로 잡아야 하지 않을까. 그리고 체제의 전환이란 건 항상 중간 목표, 중간 단계들을 잘 설정하는 게 중요한 것 같습니다.

협동조합이 탈자본주의에서 중요한 의미를 가진다면,

이 경제체제에서 협동조합의 지위와 역할 같은 것들을 어떻게 훨씬 더 강화할 수 있을 것이냐 고민해봐야겠죠. 협동조합의 영역이 먹거리나 의료 등에 그치는 것이 아니라 어떻게 하면 계속 확장되고, 자본주의 시스템에 의해 상품화된 것에서 어떻게 하면 다른 경제활동들을 만들어낼 수 있을 것인지 고민해야겠죠.

예를 들면 무이자은행이라는 개념이 등장했다, 그러면 이게 어느 정도 사회에서 유의미한 경제 주체로 자리잡게 만드는 게 중간 목표일 수 있잖아요. 지금은 그냥 조그맣게 실험하는 단계지만 이 실험 단계를 넘어서서 유의미한 것으로 만드는 거죠. 스웨덴에 무이자은행 개념의 협동조합 은행이 있더라고요. 그 정도 유의미한 주체로 만들어내는 데도 10년, 20년 잡아야 한다는 거잖아요. 한국 사회의 운동에서도 그렇게 공을 들여 모델을 만드는 것이 중요하다고 봐요.

정치에서도 중간 목표라는 게 있잖아요. 예를 들면 대출과 이자로 사람들을 묶어세우는 화폐의 상품화에서 조금이라도 벗어날 수 있는 방법, 현재 자영업자와 노동자들을 다 빨아들이는 도시의 임대료 같은 약탈적 지대·이자를 막을 수 있는 방법, 이런 것들을 어떻게 정치 영역에서 실현할 것인가. 또 협동조합의 협동적인 방식으로 금융 등의 문제들을 해결하는 데 정치가 어떤 지원을 할 것인가도 중간 목표가 될 수 있겠죠.

그러니까 저는 호흡을 길게 보고, 중간 목표를 잡고, 공들인 모델들을 통해서 사람들에게 이 시스템 말고 다른 시스템이 가능하다는 것들을 경험하거나 인식하게 만들어야 한다고 생각해요. 그 과정에서 비슷한 고민을 하는 사람들끼리 기술이나 경험 같은 것은 물론 참고를 많이 해야 되겠죠.

그리고 저는 차베스가 20세기 후반 이후에 나왔던 정치인 중에서는 가장 역량 있고 훌륭한 사람이라고 생각합니다. 실제로 그 사람이 추구했던 강령은 결국 옳았다고 생각하고요. 한편으로는 차베스가 큰 정치적 지지를 획득했고 상당히 오랜 기간 동안 권력을 잡았음에도 그런 어려움을 겪었다는 것에서 우리가 참고해야 할 지점이 많은 것 같아요. 아래서부터 자력화, 지역화를 권력을 잡은 정당이 해주는데도 잘 안 되는 이유는 아무래도 사람들의 생각이 이미 달라진 탓이 굉장히 클 거라고 봐요.

한국의 지역에 가도, 예를 들면 제주도를 가더라도 땅값이 너무 오르니까 농민들에게 농산물 가격보다 땅값이 더 중요해지는 거죠. 물론 농산물 가격이 떨어지고 농사로 먹고살기 힘들어져서 더 그렇긴 한데, 어쨌든 간에 사람들이 그런 생각을 가지게 되는 순간에, 우리가 공유화하고 협동해서 살아보자는 이야기가 설 자리는 점점 더 줄어들어요. 이런 게 금융자본주의나 부동산자본주의가 사람들의 의지를 지배하게 됐을 때 나타나는 현상 중 하나라는 생각이 들어요.

하승우 자본주의가 가지고 있는 생산적인 힘 중 하나는 인간의 욕망을 다양화시킨 거잖아요. 조금씩 차별화시키고 구별하고 그러면서 다시 상품화해가고. 그런 점에서 탈자본주의가 되려면 민중의 욕망이 좀 단순해져야 하지 않을까, 하는 생각이 들어요. 좀 위험한 생각일 수도 있는데요. 차베스가 실패했다고 좌파들이 많이 비판하는데, 이때 좌파들의 생각은 노동자의 입장을 대변한다는 느낌이에요.

그런데 농민들은 좀 다를 것 같다는 생각이 드는 거예요. 농민들 입장에서 자기 땅이 아니었는데 정부가 땅을 사주면 경작을 하고 경작권을 얻고 자기들의 이해관계가 생기는 거죠. 우리가 땅이 없었는데 땅이 생겼어, 농사를 지을 수 있어, 우리 것이 돼. 이건 매우 강력한 현실인 거죠. 농민들이 가질 수 있는 욕망의 체계가 단순하다고도 할 수 있죠.

반면에 도시에 살면 이 욕망의 체계가 굉장히 복잡해져요. '우리는 같은 노동자잖아'라고 하지만, 생활수준이랄까요, 그게 어느 단계를 넘어서면 복잡해지는 것들이 생기는데, 자본주의는 그걸 굉장히 잘 이용한다고 생각해요. 뭔가를 같이 해야 된다고 얘기하면 우리가 왜 같이 해야 되는지 이해하기 힘들죠. 우리는 서로 다른 처지인데 왜 같이 해야 되지? 아무것도 없을 때는 오히려 합의를 보기 쉬운데 뭔가가 있다고 생각하면 합의를 보는 게 번거롭고 어려워지고, 우리끼리 합의하면 되는 문제도 아닌 거죠. 밖에서 누구랑 싸워야 되고, 중재해야 되고, 그러면 사람들 입장에서는 그냥 각자 편하게 살면 좋겠다고 생각하게 되고, 그러는 순간 판이 깨질 수밖에 없는 거죠.

그런 과정이 반복돼왔다고 생각해요. 지방에 대해서도 비슷하게 생각해볼 수 있는데요. 농촌이라면 폐촌 같은 데를 장악해 들어가서 실험을 한다고 했을 때 뭔가 가능할 것 같아요. 도시에서보다 훨씬 어렵지 않게 접근할 수 있을 거라는 생각을 합니다. 도시에서 낙후된 지역에 들어가서 뭔가를 한다면 이건 복마전이거든요. 요즘 한창 문제가 되는 세입자 후려치기(Gentrification)가 그런 경우죠. 공동체를 살려놓으면 집값이 오르는 현상인데, 새로운 사람들이 들어가서 뭔가를 이루면 거기에 숟가락 걸치고 싶은 사람들이나 판돈을 키우려는 사람들이 꼬이는 거죠. 특히 대도시에서는 그런 악순환에서 벗어나기 어렵다고 봐요.

그러니까 삶이 단순화된 곳에서 무언가 전환 전략을 짜기는 괜찮은데, 삶이 다양화되고 욕망이 다각화돼 있는 곳에서는 전략을 짜서 실행하기가 굉장히 어려운 측면이 있는 것 같아요. 이해관계가 다양해지는 거죠. 같은 노동자지만 교육에 대한 관점이 다르고, 같은 연령대의 아이를 둔 부모지만 계급이 다르고……. 이런 차이들이 생기는 거잖아요. 자본주의는 그걸 합리적이고 악의적으로 이용하는 거죠. 여기서 합의를 보는 게 아니라 차이를 부각시키면 이것 자체로 상품화 전략이 생기는 겁니다. 우리는 이렇게 흩어져 있는 것을 다시 뭉쳐야 하는데, 모이고 싶어도 모일 시간을 못 갖고 하면서 점점 어려워질 거라고 생각해요.

그래서 역설적이지만 녹색당의 전략들은 지방에서는 실험해볼 만하지만 수도권에서는 먹히지 않을 수도 있어요. 아이러니하게도 녹색당의 지지층이 가장 두텁고 인구 절반의 사람들이 밀집돼 있는 곳이 녹색당에게는 가장 어려운 지역이죠. 이 사람들에게 뭔가 바꾸자고 얘기해도 이미 자기가 가지고 있는 기득권이 크니까, 그리고 이해관계가 복잡하니까 제대로 반응하지 못할 거라고 봅니다. 구조적으로 그렇다는 거죠.

앞서 말씀드린 베네수엘라의 조직노동자들이 그런 반응을 보였던 것은 그만큼 이해관계가 복잡해졌다는 얘기거든요. 그리고 이 이해관계를 굳이 차베스한테 제공받아야 할 필요도 없죠. 어쨌든 이미 강력한 부르주아 야당이 있고 기업도 있는데 왜 굳이 우리가 차베스랑 손을 잡아야 돼? 그러니까 이들은 자본가들하고 손잡고 국가를 대상으로 파업을 일으켜도 문제라고 생각하지 않을 수 있어요. 우리가 볼 때는 언뜻 이해가 안 되는 거예요. 노조가 왜 차베스의 퇴임을 바라지? 근데 사실 여기에는 직접적인 이해관계라는 복잡성이 있는 거죠. 이게 어려운 것 같아요. 이런 현실을 두고 낭만적으로만 접근하면 안될 것 같아요.

하승수 한참 사회주의 이론들이 한국에서 횡행하던 시절이 있었지만 현실사회주의 붕괴 이후 어쨌든 또다시 자본주의 자체에 대한 문제의식들이 일어나고 있는 것 같다는 생각이 듭니다. 막연하게 감성적으로 느끼든 논리적으로 느끼든 간에요. 그런 사람들이 다시 늘어나고 있는데 그것을 어떻게 운동과 정치 영역에서 잘 조직할 것이냐가 지금 중요한 과제죠. 그 사람들에게 아주 개별적인 문제 하나하나도 중요하겠지만 뭔가 하나의 거대한 시스템이 자신을 옥죄고 억누르고 있다고 느끼는 거잖아요. 그 사람들에게 운동이나 정치가 방향을 제시하고 같이 해보자고 말을 거는 것은 중요하다는 생각이 듭니다.

저는 개인적으로 기본소득이 하나의 실마리로서 작용할 수 있다고 생각하고 있습니다. 그런데 이게 또 실마리일 뿐이라서, 좌파 중에 기본소득 비판론자들은 기본소득이 자본주의 유지에 오히려 기여하는 거 아니냐, 공공영역을 축소시키고 돈 주고 시장에서 사라고 부추기는 거 아니냐는 비판들을 해요. 실제로 기본소득을 이야기하는 우파 성향의 사람들 중에서는 복지를 기본소득으로 대체하자는 주장도 있으니까, 이런 경우에는 실제로 그 비판처럼 될 수가 있죠. 공공성이 약화되고 오히려 시장의존도가 커지기 때문에요.

그래서 사실 기본소득이라는 건 일종의 입구고 실마리지, 문제의 근본적인 만병통치약은 아닙니다. 다만 기본소득과 연관돼 있는 여러 가지들이 존재하는 거죠. 산업구조나 토지의 문제 등이 다 연결돼 있다는 생각이 듭니다. 산업구조가 바뀌면서 일자리는 어차피 줄어들 수밖에 없는 상황에서 임금노동이 아닌 다른 일들을 찾아보자, 확대해보자, 그리고 토지 등의 공유자산에서 나오는 수익으로 기본소득을 지급하자, 공유성을 강화하자 등등 기본소득을 하나의 핵심고리로 잡고 탈자본주의라는 전체적인 그림을 그려보자는 겁니다.

균열선을 보라

하승수   녹색당은 창당할 때 강령에서 자본주의에 대한 비판의식들을 담았지만 그걸 탈자본주의라고 명시하지는 않았습니다. 근데 언젠가는 그런 토론이 필요하지 않겠나 싶어요. 제가 보기에는 조만간 멀지 않은 시기에…… 기본소득 정도까지는 그 이야기를 안 하고도 토론할 수 있을지 모르지만, 토지나 화폐, 금융 시스템의 문제를 건드리는 순간에는 본질적으로 자본주의 틀 내에서 상상이 안 될 테니까요.

하승우   하지만 자본주의는 그런 대안들을 받아들일 수 있는 체계를 구성해서 내상을 극복할 수 있습니다. 협동조합이 잘된다고 하는 캐나다 퀘벡의 데자르댕 같은 협동조합은 자산이 200조가 넘는 금융조합인데 자본주의는 아니죠. 하지만 그렇다고 캐나다가 탈자본주의로 바뀌는 것도 아닙니다.

그러니까 대안이 전부 의미 없다는 게 아니고요, 어떤 식으로 전망을 잡을 건지가 중요하다는 겁니다. 저는 착하지 않은 방식이어도 괜찮다고 봐요. 말하자면 '지금 당신이 선택하지 않아도 나중에 우리가 되면 챙겨줄게'가 아니라, '당신이 지금 선택하지 않으면 나중에 우리끼리 살 거야. 그 때 후회하지 마', 오히려 이렇게 선을 그어줄 필요가 있다는 거예요.

조선일보가 '착한 자본주의', 이따위 이야기를 하고, 요즘 또 기업의 사회적 책임 얘기하는 거 보면 결국은 시스템을 지속시키자는 건데, 그렇게까지 하면서 지속시키려고 하는 건 결국 그만큼 이해관계가 큰 거죠. 무이자은행도 그렇고, 서울시가 하는 사회투자기금 같은 것도 크게 보면 다르지 않다고 봅니다.

이런 문제의식이 없었던 게 아니라 그동안 쭉 있어왔는데, 이게 정치적으로 의미화되지 못하는 건 균열선이 보이지 않아서예요. 방글라데시의 그라민은행도 좋다고 평가를 받지만 『가난을 팝니다』와 같은 책을 보면 좌파들에게 두들겨 맞는 이유가 분명히 있거든요. 그렇게 해서 방글라데시의 몹쓸 사회구조를 지속시키고 새로운 이해관계를 만들어 변화의 동력을 갉아먹는다는 거예요. 적대가 보이지 않는 건 사실이고요. 안 보이는 건 상관없는데, 적대를 감추려고 하다보니까 탈정치화되는 모순이 생깁니다. 물론 자기 나름대로 삶의 기반을 새롭게 만들고 탈자본주의의 삶을 살 수 있다면 그 자체도 의미 있지만 좌파의 관점은 거기서 그칠 수 없는 거죠. 그래서 좋은 대안 속에 잠재된 다양한 균열선들을 부정하지 말고 그것과 직면해야 한다고 봅니다.

마찬가지로 녹색당이 굉장히 강력하게 요구해서 만든 정책이어도, 정작 그 정책의 대상자들은 탈정치화되는 모순도 있을 수 있어요. 오히려 어떤 지점에서는 명확하게 적대의 선을 그어줘야지 정말 우리가 누구 편에 서야 될지, 자본주의를 지속시킬 건지 정말 탈자본주의로 갈 건지에 대한 판단을 하게 될 겁니다. 이 적대선이 분명해지지 않고 대충대충 옮겨가면 갈 수 있겠지 생각하게 되면 사람들의 습(習)은 안 바뀔 거라고 봐요. 자기가 가진 습은 계속 유지한 채 더 받고 싶어 하는 거죠. 이런 변화를 전환이 아니라 더 받는 거, 더 가질 수 있는 거라고 여기는 순간, 전환은 불가능하다고 생각합니다.

하승수 운동이라는 게 정치적으로 의미가 규정이 되고 증폭이 되어야 하는데, 그렇지 않으면 그냥 체제 내에서의 보완적인…….

하승우　새로운 제도가 생기는 거죠.

하승수　네, 그렇게 되기 딱 쉬운 거죠. 그냥 우리는 이 체제 안에서 약간 변하고 있어, 이게 아니라 우리가 이때까지는 자구 노력 차원에서 이 정도 해왔는데 이제는 사회 전체적으로 이렇게 해야 되는 거야, 라고 이야기하는 게 정치의 역할이라고 생각하거든요. 정치가 그런 역할을 못하면 사례라고 하는 것도 그냥 체제 안에서 보완적인 역할로 그칠 수밖에 없는 거고요. 한국의 여러 가지 마을 운동이나 사회적경제 활동들도 그 일의 정치적인 의미가 뭐냐 하는 것들이 제대로 얘기가 안 되면 문제인 것이죠.

　탈자본주의를 이야기하느냐, 안 하느냐보다 더 중요한 건 그런 여러 가지 운동과 활동에 있는 사람들이 스스로 자기 행위의 정치적 의미들을 찾고 그것을 증폭시키려고 노력하느냐 아니냐, 아니면 자기가 하고 있는 일에 그냥 만족하고 사느냐…… 이 차이라는 생각이 듭니다.

　구체적인 예를 들면 먹거리 생협들이 우리는 그냥 이렇게 윤리적이고 착하게 생산자들을 존중하고 착한 소비를 하고 그냥 여기에 만족하고 있느냐, 아니면 사실 우리가 이렇게 하고 있는 건 우리 전체 사회를 더 나은 방향으로 이끌어가기 위해서야, 농업을 살리고, 지구를 살리고, 관계를 회복시키기 위해서야, 하고 정치적으로 행동을 하느냐. 눈에 보이는 활동으로 차이가 드러나지 않더라도 그게 중요하죠. 그러니까 협동조합 외치는 사람들은 녹색당 가입을 해야 하는데…….

하승우 단순하게 생각하면 최소한 협동조합에 대해서 제대로 된 관점을 가진 정당에 투표해야 하는 거 아니냐, 삶은 대안적인데 정치적인 선택이나 지향은 기득권층에게 사로잡혀 있다면 대체 그건 뭐냐를 물어야 한다고 봐요.

하승수 그러지 못하면 체제보완적인 운동이 돼버릴 수밖에 없죠. 사회 전체는 그냥 이대로 가는데 우리가 포괄하고 있는 1~2퍼센트 안에서만 운동을 하게 되는 거니까.
　이를테면 생협 조합원이 몇 십만 명이 되는 건 굉장히 유익하고 바람직한데 문제는 그 몇 십만 명이 자기의 정치적 의미나 맥락을 찾지 않고 소비자로 머무는 순간, 아무것도 안 된다는 거죠. 체제 자체는 아무것도 바뀌지 않는 거니까.

3장 풀뿌리를 말하다

기초조직의 발견

하승우　　요즘 생각하기에는 '풀뿌리'라는 개념에는 크게 세 가지 측면이 있는 것 같아요.

첫 번째는 아래로부터 자신과 우리의 삶의 기반을 조직하는 활동, 아래로부터 조직되는 주체, 그러니까 위에서 누군가가 자기 계획에 따라 사람들을 조직하고 동원하는 방식이 아니라 아래로부터 그동안의 권력 과정에서 배제됐던 사람들이 스스로 조직해나가는 정치과정으로서의 풀뿌리를 이야기할 수 있을 것 같아요. 그리고 두 번째로는 예전에 제가 이 의견에 동의를 못했었는데, 정당 운동하시는 분들은 정당의 단위조직으로서 풀뿌리로 얘기하더라고요. 그래서 풀뿌리를 '하부조직'이라고도 하고요. 하부조직이라고 하니까 어감이 안 좋은데, 최근에 제가 생각이 하나 바뀐 게 있어요. 정당의 하부조직이 우리가 생각하는 하부조직은 아니라는 거죠.

가령 〈시티홀〉이라고, 알파치노가 뉴욕시장으로 나오는 영화가 있거든요. 그 영화를 보면 민주당의 지구당은 어려움에 처한 주민들이 찾아가는 지역조직에 가까워요. 그냥 간판 걸어놓고 사람들에게 거들먹거리며 지구당이라고 하는 게 아니라 그 지역 자기 당원들을 조직하고 당원들의 생활기반을 만들어나가는 거죠. 가령 집주인이 갑자기 월세를 올리며 나가라고 할 때 거기를 찾아가면 당이 나서서 집주인과 협상하고 계속 살아갈 수 있도록 하는 거죠. 단순히 중앙정당의 하부조직이라기보다 정당의 기초조직 역할을 하는 거예요. 거기서 같이 밥을 먹기도 하고 파티도 하는, 그런 의미에서의 그래스루츠(grass-roots), 하부조직이 아니라 정당의 기초조직으로서의 그래스루츠죠. 하부조직이라고 하니까 마치 지역을 거점으로 여기는 듯해서 별로 마음에 안 들었는데, 요즘은 생각해보니까 제도정치와의 관계에서 긍정적이든 부정적이든 매개 역할을 하는 기초조직으로 볼 수 있을 것 같아요.

그동안은 풀뿌리라고 하면 앞에서 말한 첫 번째 의미가 많이 강조돼왔어요. 그런데 요즘은 이런 생각이 듭니다. 풀뿌리의 세 번째 의미이기도 한데요, 풀뿌리라는 게 하나하나 떨어져서 개별적으로 존재하는 게 아니라, 결국 하나의 연결망 속에서 서로 얽혀 있는 거잖아요. 아래로부터의 동력이라고 하는 게 홀로 고립되어서 존재하는 게 아니라 일종의 풀뿌리망 속에 있는 거죠. 그러니 풀뿌리는 그물망 속에 존재하는 어떤 주체, 어떤 힘이라는 의미도 가질 수 있지 않을까요.

『풀뿌리민주주의와 아나키즘』(2014년)을 쓸 때까지만 해도 풀뿌리라고 것을 배제되고 소외된 사람들이 자력화하는 과정으로만 봤었는데요, 요즘에는 오히려 두 번째, 세 번째 의미가 더 중요한 것 같아요. 왜냐하면 힘을 가지려면 혼자만의 힘이 아니라 전체 시스템 때문에 힘겨워하고 있는 비슷한 처지, 비슷한 조건의 사람들이 연결되어서 촉발되는 힘이 필요하니까요. 그래스루트(grass-root)가 아니라 그래스루츠(grass-roots), 복수인 것처럼요.

제가 예전에는 정당정치에 관심을 안 가지다가, 가지기 시작하니까 보이는 것이 있더라고요. 『정당의 발견』을 쓴 정치발전소 박상훈 소장을 얼마 전에 만나서 얘기할 기회가 있었는데 통하는 부분이 많았어요. 물론 정당을 중시하는 사람들은 모든 정치의 중심을 정당에 놓고 접근을 하니까 차이가 없을 수는 없지만, 더 넓게 '활동' 차원으로 본다면 상당히 유사하거든요. 만날 진보정당이 뭔 역할을 할 거냐에만 초점을 맞추면 그 외에 답이 없는 거예요. 진보정당이니까 잘해야지, 가 아니라 당 자체가 가지고 있는 동력과 힘을 조직할 필요가 있어요. 그래서 민중의집 같은 것도 만들고 하는 거겠죠. 다른 기관이나 다른 단체로 풀 수 있는 것도 있겠지만, 정당을 기초조직으로 해서 작동될 수 있는 망이 있는 것 같아요. 물론 위험성도 있지만 요즘은 긍정적인 면에 대해서 더 많이 생각하게 됩니다.

하승수 정당의 기초조직은 굉장히 중요하죠. 그게 하부조직이나 동반조직이 아니라 진짜 기초조직으로 존재한다면요. 사실은 좋은 정당이 되려면 그게 필요하고요.

그리스의 시리자(급진좌파연합)가 지지율이 높아지기 이전부터도 그리스의 가난한 사람들에게 실질적으로 도움이 될 수 있는 일들을 밑바닥에서 계속 쌓아올려왔다는 이야기들을 하는데요. 이런 건 사실 유럽의 제대로 된 정당들은 다 하는 활동이기도 합니다. 기초조직이라는 게 그런 거죠. 한국에서는 예전 기득권 정당의 지구당이라는 게, 부패 고리나 상명하달식으로 움직이는 조직이어서 부정적인 이미지가 강했고 그래서 사라지기는 했지만, 실은 긍정적인 의미의 기초조직은 반드시 필요합니다.

그리고 전국 규모의 NGO들도 마찬가지로 필요하다

는 생각이 듭니다. 예를 들어 독일의 분트(BUND) 같은 큰 환경단체들도 다 기초조직이 잘돼 있잖아요. 실질적으로 사람들이 참여해서 움직이는데 한국은 그런 게 약하죠. NGO도 정당도 약해요. 지역단체는 그럴 필요 없지만 전국조직이라면 기초조직이 튼튼해야만 조직 자체가 건강하게 굴러갈 수가 있어요.

하승우 그래야 정치에 대한 반감이 사라질 것 같아요. 정당이라고 하면 대개 부정적인 인상을 받는데…… 일상생활 속에서 계속 정당을 만날 수 있어야 그런 선입견이 바뀔 것 같아요. 보수정치이기는 하지만 어쨌든 미국의 정당정치가 우리가 생각하는 거랑 다르다고 얘기하는 게 그 부분이잖아요. 정당 차원의 파티나 바자회, 후원회를 일상 속에서 즐겁게 하면서 생활 속에 정당이 많이 들어와 있으니까 정당 활동을 한다는 게 자연스러운 면이 있는데, 한국에서는 그런 게 막혀 있으니까 당원이면서도 정당에 대해 떳떳하게 말할 수 없는 뭔가의 이물감이 있어요.

그러니 정당을 가지고 논쟁할 수도 없어요. 가치나 정책에 대한 논쟁은 열띠게 하면서도 정작 그걸 누가 추진해야 옳을까에 대한 부분에서 말을 꺼리는…… 기득권 정당들은 그런 부분에서 외려 당당하게 큰소리 치는데, 진보정당들은 위축되는 면이 보이죠. 그런 면에서 오히려 기초조직이 활성화돼야 하는 게 아닐까 싶어요. 정당이 조금 더 일상으로 들어가야 되는 게 아닌가?

캣맘이라는 풀뿌리

하승수 녹색당의 경우에도 은평구는 한 달에 한 번씩 '그린파티'라고 해서 사람들이 음식 들고 와서 나눠 먹으며 영화도 보고, 토론도 벌이는 등 여러 가지 다양한 프로그램을 합니다. 사실 이런 식으로 삶과 정치가 정당을 통해서 이루어지고, 거기에서도 다양한 얘기들, 정당의 정책이나 후보나 지역문제들에 대한 얘기들을 할 수 있어야 하는데, 녹색당만 해도 그 정도로 기초조직이 활성화된 곳이 아직 몇 군데 없죠.

풀뿌리의 의미에 대한 이야기로 돌아오자면, 기존의 권력에서 소외되거나 배제된 사람들이 자기 힘을 조직해 나가는 게 제일 기본이라고 생각하는데요. 그런 의미의 풀뿌리로서 요즘 저한테 많이 와 닿는 사례가 '캣맘'이에요. 길고양이를 돌보는 모임이죠. 이 풀뿌리라는 게 꼭 지역 기반은 아닐 수도 있고, 또 지역에 기반하더라도 온라인 또한 포함하는 거죠. 요즘 캣맘들이 지역에 온라인카페를 만들어서 굉장히 활발하게 소통하고 오프라인 만남도 많이 하죠. 경기도 고양시나 서울의 강동구가 길고양이 정책이 비교적 잘 돼 있다고 하는데, 그걸 캣맘들이 주체가 돼서 만든 거거든요. 행정을 움직여서요.

이 캣맘이라는 사람들의 활동이 그렇게 활성화된 이유가 뭘까 생각해봤습니다. 한국 사회에서 길고양이한테 밥 주고 돌보는 사람은 소수자잖아요. 자기들은 절박하게 마음이 움직여서 하는데 오히려 위험에 처하고 욕 먹고 인정을 못 받는 상황에서 나름대로 조직화가 된 거죠. 몇몇 지역에서는 형식적인 겉모양새가 아니라 실질적으로 지자체를 움직이기도 해요. 정책도 바뀌고. 길고양이한테 밥을 주는 분들의 관심사가 거기에만 머무르는 게 아니고, 지자체나 지역에 대한 관심, 다른 환경문제에 대한 관심으로 이어지는 경우도 많이 보게 되고요. 풀뿌리라고 할 수 있는 사례도 시대에 따라 많이 바뀌는데, 제가 볼 때는 이게 요즘 가장 역동적인 것 같아요. 서울시 노원구에 '노길사'라고 '노원구 길 위의 생명을 생각하는 사람들의 모임'이라는 곳이 있거든요. 그분들은 스스로를 풀뿌리 동물운동이라고 생각하더라고요.

권력은 원래 우리의 것이다

하승우   풀뿌리운동은 사람들이 가지고 있는 자기 기능이나 역량을 쓸 수 있도록 해주는 거라고 생각합니다. 풀뿌리운동이라는 것이 가난하고 약한 사람을 도와준다는 개념이 아니에요. 풀뿌리운동은 원래 사람들이 가지고 있는 힘이 있는데 그것이 이 사회 속에서는 힘이 안 되는 문제를 풀어나가죠. 가령 기술은 있지만 돈이 되는 기술이 아니면 자본주의 사회에서는 그 기술을 쓸 수가 없는 거예요. 더 중요하게는 그 기술로 사람들의 인정이나 보상을 받을 수 없는 거예요.

가령 지역화폐를 예로 들어보면, 자본주의 시장경제에서는 이 사람의 능력이 아무런 가치를 못 얻지만 본인 스스로가 자기 활동에 대해 경제적인 가치를 부여하면서 힘을 얻게 되면 그것이 때로는 정치적인 힘으로 전환될 수도 있는 거죠. 없는 힘을 누군가한테 시혜적으로 받아서 조직된 게 아니라 자기가 가지고 있지만 활용하지 못했던 힘을 쓸 수 있도록 해주는 것, 이것이 풀뿌리운동의 힘이라고 봅니다.

요즘은 이를 임파워먼트(empowerment) 또는 역량강화라는 개념으로 많이 쓰는데요, 주의할 점이 있다고 봅니다. 파워는 이미 이 사람이 가지고 있는 건데, 기존 권력이 이 파워를 없었던 것처럼 보이게 할 수 있다는 거죠. 주권자의 권력을 빼앗아 가놓고선 내가 너한테 힘을 줄게, 하는 식으로 착시현상을 낳을 위험이 있다는 거예요. 정부나 활동가가 시민들과 권력을 구성할 수는 있지만 권력을 줄 수는 없는데 마치 권한을 주는 것처럼 사용하는 거죠.

하승수 문득 과거 구사회운동에서 볼 수 있었던 '의식화'라는 개념이 떠오르는데요. 의식화라는 말부터가 잘못이죠. 사실 스스로 깨달아서 의식이 바뀌는 것인데, 의식화시키는 사람이 있고, 의식화당하는 사람이 있다는 식으로 비치니까요. 그렇게 잘못 생각하는 사람들도 있었죠. 그런데 실제로 현장에서는 그렇게 되지 않잖아요. 누가 의식화를 당하나요? 자기가 생각해서 스스로 자기인식을 가지고 하는 거죠.

    그런 면에서 의미를 분명하게 하려면 이를 '자기 의식화', '자기 조직화' 같은 표현으로 의도적으로 고칠 필요도 있는 것 같습니다. 그것이 풀뿌리운동이 지향해야 할 본래의 모습이라고 생각해요.

탈정치적 운동은 없다

하승수   한편 풀뿌리운동과 정치의 관계에 대해서도 짚을 필요가 있는 것 같습니다. 현재 한국에서 풀뿌리와 관련해 나타나는 잘못된 경향 중 하나가, 풀뿌리운동이 탈정치적인 운동이 돼야 한다고 생각하는 거예요. 그러나 탈정치적인 운동이란 없는 거죠. 탈정치적이라는 것은 간접적으로 기존에 힘이 있는 쪽을 옹호하거나 거기에 편승하는 것으로 귀착됩니다. 사회를 변화시킨다는 지향을 잃어버리는 것이기도 하고요. 사회를 바꾸려고 하는 것 자체가 정치적이고, 운동과 정치는 떼려야 뗄 수 없는 관계에 있는데, 그걸 부정해서는 안 되는 일이죠.

탈정치화 경향과 함께 나타나는 것이, 흔히 말하는 '거버넌스'의 문제입니다. 거버넌스, 우리말로 번역해서 흔히 '협치'라는 말을 쓰죠. 이것은 양쪽이 어느 정도 대등한 관계일 때 쓸 수 있는 말인데요, 지금은 행정에서 민간을 동원하면서 '거버넌스'라는 말을 쓰고 있고 단체들이 거기에 이용당하는 경우를 자주 봅니다.

기존의 권력 시스템에서 자기 목소리가 소외되고 배제됐기 때문에 자기 조직화를 하는 거고, 선거 정치에도 당연히 그 힘이 연결이 돼야 세상을 바꿀 수 있는 건데, 자꾸만 정치적인 활동은 안 된다고 생각하니까 큰 문제예요. 풀뿌리운동하고 정당이라는 건 떼려야 뗄 수 없는 관계인데 자꾸 거리를 두려고 하니까…….

하승우   너무 정치에 대한 부정적인 얘기를 많이 접하다보니까 그렇게 되는 것 같아요. 사실 조직화되는 것 자체가 이미 권력을 형성하는 거잖아요. 이거 자체가 정치인 거고. 권력이 구성됐으니까 써야죠. 정치가 시작되고 권력이 구성되면 어떤 방향으로든 기존 정치에서는 긴장하게 되는데, 가령 얼마 전에 광주광역시 광산구에서 공익활동지역센터가 조직됐거든요. 거기 센터장이 지방의원 출신이어서 더 그런 것도 있겠지만, 주민들이 자력화되면서 그 지역의 기성정치인들이 긴장하기 시작했어요. 왜냐하면 주민들한테서 권력이 발생하니까.

그럼 기존의 기성권력이 잘못을 했을 때, 주민들이 가

진 권력을 사용해야 할 거 아녜요? '야, 너희들 이딴 식으로 정치하지 마!' 하고요. 그런데 우리는 마치 그런 걸 질문하기 시작하면 부정적인 뉘앙스의 정치화가 된다고 생각하는 거예요. 권력은 정치로 구성되는데 그 힘을 쓰면 안 된다고 얘기하는 모순에 빠지게 되죠. 이 힘을 가지고 해결할 수 있는 문제들도 있지만, 사실 해결 못하는 것들도 많을 거예요. 그러니까 힘을 써봐야지 힘을 쓰는 법을 알게 될 텐데, 연습을 못하는 거예요. 반면에 기득권들은 그걸 굉장히 잘하잖아요, 쪽수를 조직하면 무슨 일을 할 수 있는지를 잘 알고 있고. 그런데 우리는 사실 힘을 조직해놓고도 막상 그 힘을 안 쓰려고 하는 게 모순인 거죠.

하승수 그러니까 풀뿌리단체들, 시민단체들이 행정하고는 같이 일을 하면서 정당하고는 같이 못한다든지 하는 경우가 많습니다. 예를 들어 어떤 행사를 하는데 정당이 끼면 안 된다고 해요. 또 협동조합법에서도 협동조합이 정치를 못하게 해놨죠, 굉장히 중요한 풀뿌리운동인데 말이에요.

그리고 또 '마을 만들기' 운동의 경우에도, 사실 마을을 만든다는 건 굉장히 정치적인 행위잖아요. 마을운동이라는 게 기존의 권력구조하고 갈등이 생길 수밖에 없죠.

그걸 순탄하게 풀려고 하면 그 지역의 구의원 같은 기존의 정치구조를 다 인정해주게 돼요. 그건 지역의 기득권 세력들이나 관이 원하는 바이고, 결과적으로 운동은 길들여져버리는 문제가 있죠.

하승우 아렌트 식으로 말하자면, '정치를 하지 마라'는 '인간이 되지 마라'는 말이거든요. 인간이 못 되면 결국 뭐겠습니까. 길들여진 가축이 되라는 거죠.

관이 민을 통제하는 거버넌스?

하승우   앞서 거버넌스의 경향들과 탈정치화의 문제를 이야기했는데요, 저는 탈정치화의 문제가 거버넌스 문제와는 맥락이 약간 다를 수 있다고 생각해요. 탈정치는 우리가 정치에 대해서 너무 부정적인 인상을 갖고 있는 게 문제인 거고, 거버넌스의 문제는 사실 이게 권력이 아닌데 권력인 것처럼 나눠먹기 식이 된 데서 생기는 문제라고 생각하거든요.

거버넌스라는 개념의 등장 자체가 중요한 정치적 함의를 가지고 있지는 않다고 생각해요. 행정의 용어에 가깝고, 협치나 공치라고 번역되다보니 더욱더 행정적인 의미로 해석되어 관과 민이 같이 사업을 하는 것 정도로 이해가 돼요. 더구나 한국에서는 아직 그런 경험조차 거의 없다보니까 행정이 주도하고 민간에 업무를 위탁해주는 정도가 거버넌스라고 이해되는 것 같아요.

이게 진짜 정치적인 개념이 되려면 기획하는 단계부터 같이 권력을 구성해야 한다고 보는데, 한국에서는 그런 측면들을 배제한 채 행정적인 용어로 거버넌스를 쓰고 있어요. 그 거버넌스 속에 민간단체들이 많이 들어가 있는 이유는 어쨌든 거기서 권한이(권력이 아닌!) 생기기 때문이겠죠. 위탁을 받든 뭘 하든 원하는 권한을 갖기 시작하면 이 권한을 관에서도 쉽게 빼앗지 못하지 않겠냐, 그 권한을 조금 더 좋은 방향으로 쓸 수 있지 않겠냐, 이런 말을 많이 들었습니다.

하지만 정말 그 권한을 행정에 끌려가지 않고 잘 쓰고 있느냐? 때론 쓴소리도 마다하지 않는가? 가령 서울시에 있는 시민단체들이 박원순 시장을 비판한 적이 있느냐? 거의 없단 말이죠. 어느 순간 자기도 그 속에 들어가버린 거죠. 그 속에 있으니까 이제는 비판하지 못하고 사실상 사업을 계속하려면 행정과 좋은 관계를 맺는 게 중요해진 거죠. 원래는 주민들하고 좋은 관계를 맺으면서 자력화하는 게 지역단체들의 목표였는데, 행정과 좋은 관계를 맺으면서 주민들은 동원의 관계로 생각하는 모순이 발생하는 거죠. 제가 볼 때는 지역에 있는 상당수의 단체들이 이미 그런 과정을 밟고 있다고 생각해요.

이런 말이 심한 얘기일 수 있지만, 과거에는 풀뿌리 조직이었을 수도 있고, 애초에 지역에 있지만 풀뿌리 조직이 아니었던 단체들도 있고, 이런 곳들이 이제는 마치 소용돌이에 휩쓸린 것처럼 행정에 빨려 들어가서 풀뿌리가 지향해야 될 자력화나 자기 조직화, 자기의식화 같은 개념들은 방치돼 있는 형편인 것 같아요. 풀뿌리 조직이라고 말은 하지만 실제로는 사업을 하는 주체로 스스로를 인식하고 다른 식의 활동 같은 것들을 기획하면 '이거는 우리가 하는 일이 아니다' 하고 선을 그어버리는 거예요.

그러니까 민이 관을 통제하는 방식이 아니라 관이 민을 통제하는 방식으로서의 거버넌스가 되고 있는 거죠. 이건 정치가 아니에요. 신종 민간통제 방식이랄까요. 과거에는 무시하고 억압했다면, 지금은 꼬시고 길들이는 방식으로 가는 거죠.

하승수 아까 이야기했듯이 한국은 기초조직이 약하잖아요. 사실 정당도 NGO도 기초가 약하다는 생각이 들어요. 사람들이 자기 조직화를 해본 경험이 별로 없기 때문에.

그런데 기초조직이 약한 상태에서 거버넌스라는 개념이 들어오면서, 정말 기초조직으로서 자기 조직화돼 있는 대중이 행정과 관계를 맺는 게 아니라 결국에는 그 조직의 임원이든 전문가든 몇몇의 소수가 거기에서 개인적인 차원의 역할을 하는 것밖에 안 되죠. 그 상황에서 운동의 성과는 남기 어려운 거고요.

사실 김대중·노무현 정부 때 중앙에서도 그런 일이 있었고, 박원순 시장 등 개혁적 성향의 지방자치단체장이 집권한 지역에서는 지역에서도 그런 일이 벌어지고 있는데요. 지금쯤은 한번 돌아볼 필요가 있습니다.

김대중·노무현 정부를 거치면서 한국에서 소위 말하는 전국적 시민운동이 오히려 침체되지 않았나, 그래서 이명박·박근혜 정부 때 못 싸우는 거 아니냐는 이야기들을 많이 하는데, 저는 그게 사실 과거 거버넌스의 여파라는 생각도 들어요. 그것만은 아니겠지만 원인 중의 하나인 것 같아요. 앞서 말했듯이 몇몇 사람들이 소위 말하는 거버넌스 역할을 하고 정치로 빠지고 하는 과정 속에서, 자기 조직화나 자기 정치화가 이루어지지는 않으니 오히려 조직의 역량이나 힘은 더 떨어지는 현상이 나타난다고 봐요.

서울시나 다른 지자체들에서도 결국에는 박원순 같은 시장이 계속 할 수 있는 건 아니잖아요. 어차피 정치권력이라는 게 변동이 있을 수밖에 없는데, 그러면 그런 현상들이 또 반복되지 않을까 싶은 거죠.

게이트키퍼는 누구인가

하승우 말하자면 이런 거죠. '(국가권력이나 지방정부랑) 한판 해야 되는 거 아니냐?' 그러면 '잠깐만, 내가 가서 얘기해볼게' 식의 관계가 되는 거예요. 한번 치고받으면서 약간 풀리는 게 있잖아요. 이제 그렇게 하면 안 되겠구나 서로 깨닫게 되고. 그런데 지금은 외려 행정 쪽에서 '쟤들은 협상만 잘하면 되는구나'라고 생각하게 되니까, 실제로는 아무것도 안 바뀌는 거예요. 우리에게 역량이 계속 축적되어야 하는데 안 되고, 통로 역할을 하는 사람만 권한이 커지는 심각한 문제라고 생각해요.

이 문제는 시민운동뿐만이 아니라 사회운동도 마찬가지예요. 결국 고리 역할을 하는 사람들의 권한만 커지고 이쪽 사람들은 정부도 잘 모르고……. 재밌는 사례들이, 아르헨티나의 실업자 운동이나 미국의 어큐파이 운동에서는 절대로 대표를 선출하지 않는대요. 우리 눈앞에서 협상하라는 거죠. 무대에 세워두고 협상을 한다는 거예요. 앞에서 모두 지켜보고 있고. 그리고 요구안을 만들지 않는대요. 요구안은 '너네'가 만들어오라고 하고요.

하승수 게이트키퍼(gatekeeper)라는 용어가 있잖아요. 문지기. 어떤 목소리를 내려고 할 때 그 게이트키퍼가 걸러내는 장치를 하게 되는데, 우리 안에 게이트키퍼가 생겨버리면 자칫 조직 안에서나 여러 조직들이 모여 있을 때 터져나와야 하는 목소리를 오히려 자제시킬 수도 있죠. 운동이라는 게 문을 없애는 역할을 해야 되는데 문을 만드는 역할을 하게 되는 측면이 있는 거예요.

그런데 이미 사람들은 그걸 원하지 않거든요. 내 목소리를 낼 때 게이트키퍼가 앞에 있는 걸 바라지 않아요. 그러니까 오히려 온라인 조직 혹은 작게라도 자기들이 직접 만드는 편을 선호하게 되는 거지요. 그런데 운동이나 조직이 이런 시대적 경향하고 안 맞게 돌아가는 경우를 봅니다. 사람들이 게이트키퍼를 원하지 않는데도 단체나 단체의 핵심 멤버가 게이트키퍼의 역할을 하는 거지요. 그러면 그 단체나 그 운동은 시간이 갈수록 대중에게 외면받을 수밖에 없죠. 어쨌든 자기 조직화, 자기 정치화라는 게 풀뿌리운동의 핵심이고, 이 집단적인 경험에 필요한 건 게이트키퍼가 아니라 경험 많은 안내자, 조력자 정도 일 겁니다.

시민사회조직의 비민주화

하승우   저는 김대중·노무현 정부를 통해서 시민사회단체들이 굉장히 비민주화됐다고 생각해요. 이 시기에 지금까지 말한 거버넌스 기구들이 많아졌거든요. 거기 대표들이 여러 곳에 다니면서 자신의 지위로 인해 정보를 많이 얻잖아요. 그러니까 개인이 가지게 되는 정보의 무게가 단체가 통제할 수 있는 정보의 무게를 넘어서게 되는 거죠. 단체는 해당인의 개인적인 역량이 중요하니까 그 사람을 더 많이 대표선수로 내보내줘야 하고, 더 많이 대표로 나서는만큼 해당인은 정보력이나 인맥이 더욱더 확장되고. 이건 사람이 잘나서라기보다는 지위가 주는 영향력일 텐데, 이를 개인화해버리고 있는 거죠. 자기가 잘나서 그런 것처럼. 단체 내부의 지위와 역할을 서로 돌아가며 맡으면서 역량이 축적돼야 하는데 그게 안 되고, 한 명의 대표가 여러 가지 지위를 가지게 되면서 여러 가지 정보를 규합하게 되고. 결국 단체는 이 사람을 통제할 수 있는 힘을 상실하고, 한 사람이나 몇몇 사람이 단체를 대표하게 돼버려요.

요즘 시민단체 내부의 세대 차이가 문제라고 많이 얘기하지만, 제가 볼 때는 세대 차이가 아니라 나가서 정보와 지위를 얻는 사람과 내부에서 실무를 하는 사람의 역할이, 기획하는 사람과 실무를 담당하는 사람이 자꾸 분리되는 게 문제 같아요. 이 두 역할이 너무 분명히 갈리는 거예요. 그러니 마주 앉아서 회의하면 뭐하겠어요. 한쪽은 역량이 더 이상 크지 않고 다른 한쪽만 계속 역량이 쌓이는데. 역량이 쌓인다기보다는 정보가 쌓이는 거고 자기 지위로 인한 권한들이 강화되는 건데, 그걸 자꾸 자기 역량이라고 착각하는 인물들의 출현이 늘어나는 거죠.

단체 내부에서 민주주의라는 건 서로 대등해야 가능한데 이미 대등한 관계가 아닌 겁니다. 이건 단체 내부의 문제이기도 하지만 사회적으로 이런 경향들이 계속 강화돼왔다고 생각합니다. 1990년대부터 풀뿌리를 많이 얘기하고 지역으로 가야 한다, 하방해야 한다고 얘기들은 무성했지만 대표선수 중심의 역할체계가 계속 강화되어 왔습니다. 그러다 이제 조직이 커지고 대표도 지위가 생기고, 옛날에 두세 명으로 시작했던 단체가 40~50명 규모가 되면 더 이상 '모두 모여서 논의하고 결정을 내리자'는 얘기는 아무도 안 하게 되는 거죠.

하승수   그런 이야기를 해야 할 때가 됐죠. 젊은 활동가들이 많이 실망하는 이유가 사실은 그런······.

하승우   맞아요. 생각해보면 과거 운동의 방식도 그랬잖아요. '선도투', '전위'라고 해서 먼저 치고 나가고······. 저는 기본적으로 한국의 조직운동 속에 풀뿌리의 지향이 없다고 생각해요. 조직적인 게 강하고, 치고 나가서 우리가 계몽시키겠다는 입장인 거지, 이 사람들하고 뭔가 하면서 같이 성장해나가겠다는 생각은 1980년대 조직운동에서 없었던 거죠. 1980년대 말부터 시작된 시민운동도 정부 과제나 의제 중심으로 나가면서, 정책을 가지고 얘기하려면 정책 전문가들하고의 관계가 중요하지 정책의 수혜자가 될 시민들의 의견은 그다지 중요하게 여기지 않았거든요. 결국 활동가, 전문가 중심으로 운동이 발전하고 전문화된 활동 중심으로 부문화된 거죠.

한편으로 제가 보기에는 시민사회운동이 의도적으로 정당을 안 키운 측면도 있는 것 같아요. 아까 이야기했던 탈정치화와 맞물려 있는 거죠. 우리가 직접 새로운 정당 운동을 하려고 하지 않고, 계속 기성 정치권에 선을 대서 의제를 풀어가려고 했던 경향이 있지 않았나 싶어요.

그러니까 기성 정치권은 시민사회운동 판에서 괜찮은 사람들을 계속 빼오는 형태로, 아니면 단체 수장들이 '우리가 해줄게 가져와' 하는 식으로 의제를 다루니까 여기는 자력화될 가능성이 사라진 거죠. 우리 속에서 해결하는 방법을 찾아야 자력화의 가능성이 커지는 건데, 그저 '시장이 해준대', '국회의원이 해준대' 하니까 '그럼 우리가 할 일은 없네'가 돼버리는 거죠.

청구형 정치의 민낯

하승수　한국 시민운동 전반에 관한 얘기로 확장해보자면, 최근 한국의 시민운동이 다 국회 정론관에 가 있어요. 시민운동의 입장이라는 게 국민들 속에서 발표되는 게 아니라 다 국회 정론관에서 국회의원 몇 사람 끼고 법안 발의하고 입장 발표하고…… 시민사회단체 주요 활동가들이 기자회견을 하든 뭘 하든 많이들 국회에 가서 한다는 거예요. 처음에 시민운동이 영향력을 가지고 있을 때 거버넌스를 얘기하다가, 이명박·박근혜 정부 오면서 그게 안 되니까 이제는 제1야당 끼고 원내정당 끼고 기자회견이나 하고…… 그게 그냥 주요한 행동 방식 중에 하나가 돼버렸잖아요. 그래서 지금은 어떻게 해야 될지 모르는 상태까지 갔다고 봅니다.

그리고 지금은 서울시 주변에 너무 많은 사람들이 있

어요. 시민운동하는 분들 만나도 스스로 얘기하는 게, 요즘 사람 만나려면 서울시 주변에 가면 된다, 라고 우스갯소리처럼 얘기합니다. 그런데 원론적인 이야기일 수 있지만, 그래도 운동이라는 건 시민들 속에 있고 그 속에서 우리가 힘을 끌어내기 위해서 노력을 하는 게 기본인데, 지금은 그렇지 못한 것 같아요.

하승우 시민은 서명해주는 사람처럼 돼버렸죠. 민간인들이 뜻을 모아 서명해주면 누가 국회에 찾아가서 '몇십만 명이 서명한 거다, 발의 좀 해달라' 하는 식이에요. 그러니까 여전히 한국은 주체형 정치가 아니라 청구형 정치를 하는 거죠. 반면에 그렇게 서명한 시민들은 자신들의 서명이 어디에 어떻게 쓰이고 있는지조차 몰라요. 이게 시민사회운동이 비판하는 대의민주주의랑 뭐가 다르냐는 거죠.

하승수 이전의 권력관계에서 소외된 사람들은 나름대로 풀뿌리라고 생각하는 틀로 여전히 활동을 하지만, 한국 사회는 풀뿌리의 힘을 이용만 하려고 하는 구조가 강하고, 거기에 너무 쉽게 빨려들어가는 경향이 있어요.

풀뿌리운동 안에서도 이 문제를 문제제기하고 논쟁해

야 하는데, 논쟁화되기보다는 그냥 조직 안에서의 갈등 형태로 나타나는 것 같아요. 한국 사회에서 논쟁 자체가 많이 상실이 되다보니까, 과거에는 거버넌스를 어떻게 바라볼 거냐는 논의가 있었지만 요즘에는 거의 없는 것 같습니다. 하지만 그러다 보면 타성대로 움직이는 사람과 그에 반발하는 개인 간의 갈등이나 조직 내부의 갈등, 조직 간의 갈등으로 문제가 비칠 뿐, 공론화되거나 논쟁이 되질 못하는 거죠.

하승우 공론장을 형성하려면 기본적으로 상대방을 마주 보고 상대방과 소통하는 게 필요한데요. 지금은 일상 어디에도 상대를 마주 보는 걸 배우거나 학습할 공간이 없죠. 상대랑 소통하는 것도 마찬가지로, 학교에서도, 가정에서도, 직장에서도 기회가 없어요. 그러니까 결국 우리가 장은 많이 만들고 판은 많이 깔았다고 해도, 그 판이 공론장으로서 기능을 하느냐 안 하느냐의 문제를 생각해봐야 합니다. 물론 이렇게 얘기하면 공론장이라는 게 마치 순수한 무언가로 이상화될 위험성도 있지만요. 어쨌든 소통을 한다고 했을 때는 정말 상대방이 가지고 있는 타자성을 인정해주는 방향으로 가야 하는데, 풀뿌리운동이 잘 된다는 평가를 받는 곳에서조차도 정말로 그런 장이 형성이 됐는지는 의문입니다.

이런 경우를 자주 보거든요. 풀뿌리 모범 사례 같은 것들이 알려지면 그 단체를 소개하는 사람이 항상 정해져 있어요. 여기서 그 사람은 굉장히 이상적인 형태로 자기 단체를 소개해요. 그런데 다른 사람을 만나서 들어봐도 과연 똑같은 얘기를 할까? 설령 똑같아도 문제가 있어요. 활동이라고 하는 건 자력화니까 치열하기도 하고 싸우기도 하고 갈등하기도 하고 그럴 수밖에 없는데, 풀뿌리라고 하고 공론장이라고 하면서도 우리 스스로 굉장히 갈등을 회피하고 내부의 문제를 밖에 안 드러내려고 하잖아요. 차이를 존중한다고 얘기하면서도 배제하려고 하고, 왜 그렇게 하느냐고 물으면 현실적인 문제, 어쩔 수 없는 문제, 어려운 문제라서 그렇다고 쓱 넘어가는 걸 보면, 정말 이 공간이 사람들이 들어와서 자력화할 수 있는 장인가 싶을 때가 있어요. 그리고 사람들이 정말 자력화되고 자기 역량이 강화되어서 판 자체에 영향을 미칠 정도로 성장했을 때 단체가 이 사람을 어떻게 대하는가 보면, 단체가 늘 대표자를 내세우는 형식으로 가다보니까 다른 개인의 역량을 기대한다고 하면서도 막상 성장하면 부담스러워하는 모순이 생기기도 합니다.

그렇다고 순수한 풀뿌리 공론장을 만들자, 그런 건 아

니고 현실에서는 이해관계 같은 게 뒤섞일 수밖에 없는 거니까 혼탁한 거라고, 맑을 수만은 없다고 인정을 하고 거기서부터 뭔가를 시작해야 맞다는 거죠 그런데 우리는 자꾸 이상화된 뭔가를 염두에 두면서 갈등의 장을 피해가려고 해요. 그러니 애초에 소통하는 법도 훈련되지 않은 상태에서 공론장이 점점 더 좁아지고 폐쇄되는 형태로 가지 않나 하는 우려가 듭니다.

명망가 의존의 심각성

하승수 전국이든 지역이든 한국에서 시민운동 이야기를 하려면 조직 내부의 지배구조를 이야기하지 않을 수가 없는데요. 조직 내부의 소통 체계의 문제라고 봤을 때, 그 문제를 단시일 내에 풀 수는 없다는 생각이 들어요. 한국의 조직들이 가지는 특징 자체가 몇몇 사람을 중심으로 만들어진 리더십 형태여서 그 사람의 거취에 따라 굉장히 영향을 많이 받죠. 자기 조직화나 자기정치화가 충분히 안 돼서 그럴 수 있는데, 몇몇 사람들 중심으로 모든 권력이 쏠리고 의사결정권이 집중되면서 그렇게 구조가 정착되는 것이 계속 누적돼왔던 것 같아요. 한번 그런 역할을 맡게 된 사람들 역시 그걸 놓는 게 아니라 계속 자기 지위를 유지하고 있는 면도 있고요.

조직 내부에 민주적으로 조직을 운영한다는 게 어떤

건지 거의 경험해보지 못한 사람들이 많은 상황에서 효과적·효율적으로 일을 하는 걸 추구하다 보니까, 자꾸 의제를 선점하고 단기간에 성과를 내는 사람이 조직 안팎에서 능력 있는 사람이 되어버려요. 그러면서 소위 말하는 명망가라는 게 조직 안에서도 만들어지는데, 그 사람이 과도한 대표성을 갖게 되고 정치적 중립, 탈정치적인 태도를 취하다가 어느 순간에 기존 정치판으로 가버리면서 시민운동의 신뢰성을 비판하는 소재로 활용되기도 하고요.

한때는 한국 사회에서 가장 신뢰받는 데가 NGO라고 했는데 지금은 아니잖아요. 말씀하신 대로 조직 내부 구조의 리더십 문제, 정치적 중립을 위장했던 부분 같은 것들이 다 맞물려서 운동의 위기 양상으로 나타나는 것 같습니다. 그런 면에서 한국의 대표적인 시민운동 명망가들에게 책임이 있다고 생각해요. 그들이 자기 조직을 그런 방식으로 많이 끌어왔고 그게 성과도 됐지만, 결국 지금 상황을 낳은 중요한 원인인 것이죠.

예를 들어, 박원순이라는 인물이 한때 한국의 시민운동을 상징하는 대표적인 명망가였는데, 자신은 정치적 중립이라고 주장했던 그 명망가가 어느 순간에 선거에 나오고 기득권 정당에 들어가버리고. 그리고 시장이 된 후에 잘 하고 있는 부분도 있지만, 잘못 하는 일도 생길 수밖에 없는데, 그럴 때면 사람들이 흔히 하는 말이 '그 사람이 시민운동할 때부터 원래 그랬느냐, 아니면 정치를 해서 바뀐 거냐?'라고 묻잖아요. 이러면서 운동에 대해 계속 피로감, 회의, 냉소 같은 것들이 쌓여가게 되죠.

그런데 그게 개인의 문제만이 아니라 과도하게 명망가들에 의존하는 구조 문제라는 겁니다. 그런 부작용을 다 경험했음에도 불구하고 여전히 단체들은 명망가에 의존하고 자기 조직 안에서 좋은 리더십을 키우기보다는 자리가 비면 대표 누구를 어디서 모셔와서 자리에 앉히나 생각하죠. 운동의 초기에는 그럴 수 있겠지만, 지금은 운동단체들 역사가 20년이 넘었는데 여전히 그렇게 이뤄진다는 건 심각하죠. 그러니까 20년, 30년이 됐으면 조직과 활동속에서 성장해온 사람이 조직의 리더십을 형성해야 하잖아요.

하승우 요즘은 그런 문제를 지적하면 이런 반론도 나와요. 왜 운동을 자꾸 도덕주의 잣대로 재단하느냐? 운동하는 사람들도 인간이고 보편적인 욕망을 가진 존재라는 거죠. 저는 이게 위험한 발상이라고 생각하거든요. 왜냐하면 이 사람에 대해서 도덕적인 잣대를 제기하는 게 아니라, 이 사람이 그 속에서 어떤 역할을 하는지에 대한 비판인데, 우리는 자꾸 역할 없이 사람에만 집중하니까요. 운동을 인간의 차원에서 설명하는 건 좋은데 가치나 노선을 자꾸 인간의 문제로 대체시킨다는 느낌을 받는 거죠. 이 사람의 역할에 대해서 문제제기를 하는데 자꾸 보편적인 인간이 등장하는…….

아나키즘에서는 권력이 집중되기 전에 부숴버려야 한다고 말해요. 여기에는 되게 단순하면서도 강력한 장점이 있어요. 절대로 집중되지 않게 시스템을 만들어놓고 지속적으로 관리하면 가능할 거라고 보는 거죠. 이것에 대해서 순진하다, 나이브하다 비판받긴 하지만요. 지금 우리는 제대로 시스템을 갖춰놓지도 않은 상태에서 자꾸 인간의 선함이나 보편적인 욕망, 진정성의 문제로 얘기하려고 하죠. 아나키즘은 그딴 거 다 필요 없고 집중을 막을 장치를 강조했던 거고요.

하승수 저는 그런 점에서 세상을 바꾸겠다는 모든 사람들이 다 아나키스트가 돼야 한다고 생각합니다. 자기 스스로를 경계해야 하는데, 어느 순간 자기 경계를 상실해버리잖아요. 자기 사상적인 측면에서 아나키즘적인 신념을 갖고 있지 않으면 그러기가 너무 쉬운 거죠. 어떤 권력이나 권위에 대한 근본적인 성찰의식을 가지는 것이 아주 중요하지 않나 싶어요. 모든 활동을 하는 사람들은, 시민사회운동을 하든 정당운동을 하든, 모든 운동가는 아나키스트가 돼야 할 필요가 있다고 생각합니다.

풀뿌리는 삶의 문제다

하승우   풀뿌리는 결국 '삶'이라고 생각해요. '생활'이라는 말도 쓰이는데, 이 말은 한국 사회에서는 단편적이 될 수밖에 없다고 생각해요. 삶 하면 영어로는 라이프(life)인데, 사실 라이프는 '다'잖아요. 인간의 생명, 살아가는 삶, 그 모든 걸 가리키는 거죠. 풀뿌리는 그렇게 정치, 경제, 문화 다 걸쳐져 있는 삶의 문제라고 봅니다.

그리고 한국의 풀뿌리운동에 대해 부문운동이라는 편견도 있는 것 같아요. 우리는 주민운동단체니까 주민운동만, 우리는 협동조합이니까 협동조합운동만. 그러니 정치는 안 해…… 이런 식으로요. 그래서 같은 지역인데도 이 얘기 할 때는 주민운동단체들만 모여 있고, 저 얘기 할 때는 협동조합들만 모여 있고, 또 다른 데 가면 문화운동단체들만 모여 있어요. 왜 똑같은 지역에서 활동하는데 같이 안 하냐고 하면 거기는 우리랑 영역이 다르다고 해요. 지역의 주민들은 같을 텐데 단체들만 자꾸 나눠지고…….

하승수 그러니까 생활정치라는 말이 한국 사회에서는 이렇게 쓰일 위험성이 있어요. 체제변혁적이지 않은 것, 그냥 우리 것만, 내 관심 주제만 열심히 하면 돼. 작은 거, 손에 잡히는 거. 이것들이 다 전체 시스템이나 체제하고 연결돼 있는 부분인데 그걸 보지 않고 그냥 내가 하는 일들에서 작은 성과들을 쌓아가면 세상이 바뀔 거다…… 이건 사실 어떻게 보면 큰 착각이죠. 그게 아까 말씀드린 탈정치화 경향과 연결이 되기도 하고요.

하승우 생활정치는 예전에 민주당에서 생활정치연구소라고 차용해서 쓸 수 있을 만큼 말랑말랑한 개념이 된 거 같아요. 많은 개념들이 다 말랑말랑해졌다고 생각해요. '마을'이나 '사회적경제'도 공무원들이 사람들한테 그냥 이야기할 수 있을 정도로 말랑말랑해진 개념이 되었고요.

하승수 그래서 생활정치보다 요새는 다른 용어를 찾아야 하지 않나 싶은 생각도 들어요. 생활정치라는 말이 언제부턴가 마음에 안 들어서 풀뿌리정치라는 말을 한때

쓰기도 했었죠. 우리 정치와 생활이 연결이 돼야 하는 건 맞는데, 체제와 시스템을 다 인정한 채 우리가 뭔가 작은 변화를 만들어보자는 식이 아니라, 우리가 이 변화들을 토대로 큰 체제를 바꾸려고 한다, 비록 작은 경험이라도 쌓아가면서 체제 자체를 바꾸는 것을 지향한다…… 이런 문제의식을 표현할 적절한 단어를 찾는 일이 필요할 것 같다는 생각이 듭니다.

저는 이런 질문을 던지고 싶어요. 풀뿌리가 체제를 바꾸려는 거냐? 체제의 구성물·보완물이 되려고 하는 거냐? 풀뿌리운동이든 지역운동이든 한국 사회 시스템의 보완재 비슷한 걸로 가려는 건지, 아니면 한국 사회 시스템을 바꾸려고 하는 건지. 이건 전국단위 시민운동에도 똑같이 던지고 싶은 질문이고요.

하승우 돌아가신 민주노동당 이재영 국장님이 「시민사회신문」에 비슷한 얘기를 했어요. 모두들 풀뿌리를 어떤 대안처럼 얘기하지만 한국에 소개된 풀뿌리란 주로 미국이나 일본의 탈사회주의적 비정치적 사회운동에 지나지 않는다고. 그러면서 "풀뿌리는 기만이다"라는 쎈 제목을 달았죠. 그때 제가 거기에 대해 반박하는 글을 썼거든요. "'풀뿌리 없는 진보'야말로 기만이다"라는 글이었죠.

아래로부터 세상을 바꾸려는 풀뿌리의 전략이야말로 정치적인 운동이고 한국의 풀뿌리는 미국과 일본을 본뜬 게 아니라 이미 자기 역사를 가지고 있다고. 그에 비하면 진보정당이야말로 지역에서 비리비리한 존재가 아니냐고. 서로 좀 못되게 얘기한 거죠.

사실 그 글을 쓸 때 마음속에 뭐가 있었느냐면 풀뿌리는 체제에 내화된 운동이 아니다, 체제의 풀뿌리가 아니라는 판단이 강력하게 있었던 건데 지금의 현실을 봤을 때는 그걸 자신할 수 없어요. 이미 풀뿌리가 체제로 포섭됐다는 것까진 아니지만 자신할 수 없다, 그리고 앞으로 시간이 더 흘러도 아니라고 그때처럼 강하게 얘기할 수 있겠는가…… 이런 느낌인 거죠.

그래서 최근 제가 페이스북에 이재영 국장님에 대해 미안하다고 썼어요. 그때는 되게 뭐라 그랬었는데 그럴 게 아니었구나 하고요. 우리가 정치적이지 못했다는 자기비판, 우리가 어느 순간 행정기관의 하부기관처럼 전락해버렸다는 자각이 필요해요. 처음에는 그렇지 않았다고 하더라도 지금은 마치 미국과 일본의 탈사회주의적 비정치적 사회운동처럼 가고 있는 건 아닌가…… 치열한 고민이 필요하죠.

하승수　돌아보면 한국의 시민운동 담론이라는 게 대략 이렇게 흘러왔던 것 같아요. 1980년대 민주화운동·민중운동 경험이 새로운 상황에 맞춰 시민운동이라는 타이틀로 다시 태어났고, 기존의 운동과는 긴장관계도 유지하면서 자기 영역을 개척해왔는데요. 다른 한편으로는 1960년대부터 쭉 이어져왔던 주민운동(빈민운동) 같은 일종의 풀뿌리운동 전통이 있었죠. 양자 간에 별로 관심 없이 각자 흘러오던 면이 많다가, 지방자치가 본격적으로 부각되면서 지역에서부터 기존의 주민운동과 소위 시민운동이라는 흐름들이 서로 만나기도 하는 과정들이 있었어요. 또 전국 단위 시민운동을 하던 사람들이 2000년대 초반에 이렇게만 해가지고 되겠나 싶어서 풀뿌리 이야기를 했던 면도 있고요.

저는 한국 사회운동에서 풀뿌리라고 하는 담론은 여전히 유효하다고 생각합니다. 한국 자체가 자기 조직화나 자기정치화가 워낙 없는 사회였는데, 실제로 여러 지역에서 일어난 풀뿌리 운동이 그런 것을 가능하게 하는 성과들을 만들어왔으니까요. 앞서 언급한 것처럼, 자기 조직화, 자기정치화라는 정체성을 잃어가는 부분들이 있지만, 회복하고자 노력해야겠죠.

또 한편으로는 앞서 말한 캣맘처럼 새롭게 풀뿌리운

동이 일어날 수 있는 영역도 존재해요. 자기 조직화라는 것이 일어날 수 있는 영역은 아직도 굉장히 많이 남아 있다는 생각이 듭니다. 소수자 인권운동에도 그런 자기 조직화가 필요한 것 같고, 농민운동도 기존의 농민운동이 정체됐다면 새로운 형태의 자기 조직화가 필요하지 않을까, 어떤 방식이어야 할 지는 좀 더 고민해봐야겠지만, 그런 생각도 들고요.

풀뿌리라고 하는 문제의식들을 계속 살려나갔으면 좋겠어요. 그리고 풀뿌리로서의 정당조직도 굉장한 중요한 것이기 때문에 우리가 좀더 살려나갔으면 하는 바람입니다.

하승우 풀뿌리라는 건 저한테 굉장히 중요한 목적이자 지향인데요. 어찌 보면 이런 생각도 들어요. 너무 좋아하다보면 상대를 이상에 맞추는 것처럼, 실제 있는 상대 그대로를 잘 못 보고 있는 건 아닐까. 그런 점에서 점검과 비판, 성찰이 여전히 중요한데, 지금이 그 시점인 것 같아요. 다음 시기를 어떻게 맞이할 것인가 하는 점에서 지금쯤 우리가 성찰하고 짚고 넘어가야 한다고 생각합니다.

예전에 '풀뿌리와 인권의 만남'이라는 모임에 가서 다시 한 번 느끼기도 했는데요. 당사자들과 인권에서 배제

된 소수자들이 자력화되는 과정을 통해서 결국은 자기 목소리를 내고 자기 조직화되는 과정이, 위로부터 제도로 마련될 수 있다고들 얘기하지만, 그럴 가능성은 사실 굉장히 낮다고 생각합니다. 제도가 마련된다고 해도 그 제도가 실현되는 과정에서 상당수의 가치가 훼손될 거고, 그걸 제대로 지키려면 당사자들이 운동으로 치고 나가면서 제도를 이끌고 다른 한편으론 그 제도를 스스로 마련하며 자기 조직화되어야 한다고 생각해요. 이때 지역성을 배제하고 한국에서 늘 그래왔듯이 전국이 똑같은 모범 사례를 만드는 방식보다, 그 지역이 가지고 있는 전통과 기술에 의존해서 기반들을 만들어나가야 하겠죠. 그러려면 결국 우리 관점이 중앙 중심의 관점이 아니라 지역과 풀뿌리의 관점으로 가야 한다고 생각합니다.

그러니까 어떤 모델이냐는 별로 중요하지 않은 것 같아요. 우리가 어떤 사업을 하고 있으니까 풀뿌리다, 아니면 어떤 지역에 있으니까 풀뿌리다, 이게 아니라 우리가 어떤 관점으로 운동을 바라보고 어떤 관점으로 사람들을 조직화해나가느냐, 그 속에서 풀뿌리운동이냐 아니냐가 결정되는 거죠. 예를 들어 비정규직이나 자영업도 풀뿌리의 관점에서 조직화해나가는 것과 중앙의 방식으로 조직하는 것은 굉장히 다른 결과를 낳을 거라고 생각해요.

그런 면에서 사회운동의 전략과 관점으로서의 풀뿌리는 여전히 핵심적이고 중요한 의미가 있고, 그런 관점에서 조직해나가려고 하는 시도들이 더 늘어나기를 바랍니다. 이렇게 하면 성공한다는 모범 답안을 찾을 게 아니라, 정말로 자기 지역과 자기를 둘러싼 사람들을 제대로 파악하고 이해하고 그 속에서 답을 찾아가야 할 겁니다. 어느 지역에서 성공했으니까 다른 지역도 똑같이 하자는 식이 아니라, 풀뿌리의 관점에서 조직하는 노력이 여전히 필요하고, 저도 앞으로 그 일을 계속 할 겁니다. 그러니까 지금의 얘기들 역시 풀뿌리를 애초의 취지에 맞게 강화시키려는 단계로 생각해주시길…….

하승수 저도 어차피 계속 운동과 정치활동을 해나갈 것이고, 지역에서도 활동할 것이기 때문에, 오늘 짚었던 문제의식들을 저부터 활동 속에서 풀어가려고 합니다. 앞서 비판적인 문제의식들도 얘기했지만, 어쨌든 한국 사회에서 전국단위 시민운동이든 지역운동이든, 사회를 바꾸려고 하는 운동의 역할이 그 어느 때보다 중요한 시기인 것 같고요. 그래서 오늘 얘기로 끝나는 것이 아니라, 계속 토론을 해나가고 싶네요.

4장 개발과 폭력을 말하다

국가와 자본의 결탁

하승수   최근에 개발의 범위를 어디까지로 볼 거냐라는 질문을 좀 받게 됐어요. 흔히 개발이라고 하면 토건사업 같은 걸 많이 떠올리는데, 그것에 한정되는 문제는 아니겠다는 생각이 많이 들죠. 예를 들면 기후변화도 개발의 영향이라고 볼 수 있거든요. 숲이 사라지는 것도 개발이지만, 교통이라든지 에너지라든지 다양한 분야에서 온실가스가 배출이 되고 그게 지금 지구에 사는 생명들에게 위협이 되고 있는 거잖아요.

폭력 문제도 그렇습니다. 집중적으로 공권력이 동원되는 것만 폭력이냐? 어떤 생명의 존재를 부정하게 되는 결과를 낳는 것도 폭력이지 않느냐. 최근에 중앙아시아의 영양 20만 마리가 떼죽음당한 사진을 보고 충격을 받았어요. 원인은 정확하게 알지 못하지만 기후변화의 영향일 거라고 추측하는데, 그렇다면 인간이 저지른 행위로 인해서 지구 기후가 바뀐 것이 영양들에게는 폭력이 아닐까?

그래서 개발과 폭력은 폭넓게 볼 수도 있고, 아니면 좁은 시각에서 기존의 토건사업이라든지 송전탑 문제라든지 강정 해군기지 문제라든지 이런 식으로 좁혀서 생각해볼 수도 있겠습니다. 범위를 어떻게 잡든 간에, 성장과 이윤을 위해서라면 인권이든 환경이든 다 희생시킬 수 있다는 생각이 모든 문제의 근원에 있는 거죠.

그런데 제가 고민스러운 지점은 직접적으로 그런 행위들로 인해서 이익을 얻는 기업들이나 대토지 소유자 같은 사람들뿐만이 아니라, 상당히 많은 일반 사람들이 점점 더 개발에 동의하게 된다는 겁니다. 그러면서 원래는 대자본과 주민들 간의 싸움이어야 할 것이, 점점 주민과 주민들 내지는 시민들 사이의 갈등으로 비화되는 현상이 나타나는게 요즘의 제일 큰 고민이에요. 사람들이 지키고자 하는 게 점점 더 약해져서 그런지 개발논리가 오히려 압도하게 되어서 그런지…… 그런 경우들을 보면서 고민이 더 많습니다.

하승우 저는 개발과 폭력이 비슷한 문제라고 생각하는데요. 결국은 지배의 문제가 아닌가 싶어요. 그러니까

성장은 필요한데, 개발은 당사자의 주체적인 성장과는 상관이 없는 거죠. 개발의 주체가 객체를 지배하는 상태를 만들어가는 거고, 그걸 발전이라는 이름으로 포장하는 거고, 폭력도 결국은 타자를 자기의 뜻대로 지배하려는 욕구에서 비롯된 게 아닌가 싶어요.

개발이 일종의 경제적인 지배 현상이라면 폭력은 정치적인 지배 현상이고, 한국의 특수성은 이 두 가지가 끈끈하게 결합되어 발전되어온 거라고 봅니다. 사실 재벌도 원조경제, 관치경제를 통해서 국가가 성장을 시킨 거잖아요. 일종의 공생관계인데, 이런 이해관계보다 더 큰 힘을 만들지 못하면 개발에 대항할 수 없는 거죠. 그쪽은 이미 압도적인 물리적인 공권력도 가지고 있고, 막강한 자원 동원력도 가지고 있고, 국가를 통해서 정당성도 확보하고 있다고 생각하니까······.

그러니까 사람들이 개발을 받아들이게 되는 건 자기한테 경제적으로 이득일 것이라고 기대해서 그런 면도 있지만, 다른 한편에는 개발에 저항한다고 했을 때 무자비한 폭력에 짓밟히게 될 거라는 걸 목격했거나 경험했거나 알고 있다는 거죠.

사실상 개발에 저항한다는 것은 경제적인 이해관계의 문제이면서도 사실상 국가정책에 저항하는 것과 동일했으니까요. 그러니까 한국 사회에서는 골프장을 반대해도 빨갱이, 케이블카를 반대해도 빨갱이가 되는 거고, 이것이 단지 자본주의 일반의 현상으로 환원될 수 있는 건 아니라고 봐요. 국가와 자본이 결탁해서 개발사업을 일방적으로 추진해왔던 한국의 역사가 있는 거죠. 그래서 이 문제가 굉장히 풀기 힘든 거라고 생각해요.

사적 폭력에서 공권력으로

하승수   그러니까 실제로는 그 개발을 통해서 이익을 얻는 주체들이 따로 있는데, 개발이 국가의 이름으로, 흔히 말해서 국책사업으로 행해지는 거죠. 그러니까 개발에 반대하는 건 국가에 반대하는 거다, 빨갱이다, 이렇게 되고요. 그리고 국가가 그렇게 전면에 등장하면 우리가 국가와 싸워서 이길 수 있겠느냐는 회의가 팽배해지게 됩니다. 처음에 반대하던 주민들 사이에서도 갈등이 생기고 서로 갈라지는 이유 중 하나가 그거예요. 경제적으로 회유를 당하는 것도 있지만 국가와 싸워서는 절대로 못 이긴다, 차라리 얼마라도 실리를 챙기는 게 낫다, 이런 생각이 대한민국에 굉장히 뿌리박혀 있죠.

하승우   한국 사회의 굉장히 독특한 현상 중 하나가 그

거라고 생각해요. 사적인 폭력조직이 공적인 정당성을 대변하는 것. 서북청년단 시절부터 대의를 내세워 사적인 폭력을 행사하는 집단이 공적인 조직을 표방해왔습니다. 지금도 개발이 진행되는 곳들에서는 용역깡패들이 경찰과 구분이 잘 안 됩니다. 장비도 그렇고 옷차림도 그렇고. 분명히 사적인 조직인데 마치 자기들이 공적인 조직인 것처럼 행동한단 말이죠. 그걸 국가가 때로는 조장하기도 하니까 이게 단지 경제적인 문제는 아닌 거죠.

그리고 개발에 반대하다가 생명을 위협받는 상황에까지 처하곤 하니까 누구도 쉽게 나설 수 없어지는 거죠. 때문에 작은 지역에서 그런 것들에 반대해 싸움을 벌인다는 건 거의 불가능하다고 생각해요. 그래서 저는 녹색당과 같은 정당이 필요하다고 생각해요. 한국 사회의 폭력은 이미 한 지역에서 감당할 수 있는 수준이 아니니까요.

하승수 말씀하셨듯이 단순히 경제적 이해관계에만 문제의 뿌리가 있는 게 아니죠. 역사적으로는 박정희 통치 때를 대표적으로 개발독재라고 불렀잖아요. 경제적·정치적 지배구조와 이해관계들이 연결돼 있다는 걸 표현하는 단어가 개발독재였던 거죠. 김영삼, 김대중, 노무현을 거쳐오는 과정에서 독재가 어느 정도 민주화됐다고 사람들이 생각하지만, 개발이라는 건 그대로 지속돼왔어요. 그건 진정한 의미의 민주화라고 보기 어려웠던 거고요. 이명박·박근혜 시기에 개발독재적인 속성이 적나라하게 드러나기는 했지만, 사실 그 속성 자체는 김대중·노무현 정부 때도 유지가 됐다는 겁니다. 개발을 통해서 이익을 얻으려고 하는 집단과 그것을 보장하려고 하는 정치권력의 유착관계가 그대로였으니까요. 지금도 평가가 필요한 부분들인데, 이명박·박근혜 정권을 지나오면서 오히려 제대로 된 평가가 안 되고 있다는 생각이 많이 듭니다.

예를 들어 고리 1호기 수명을 연장한 건 노무현 정부 때거든요. 강정 해군기지도 노무현 정부 때 시작된 게 맞아요. 그리고 부안 핵폐기장도 그때 추진됐고, 경주 핵폐기장도 부지를 확정한 것은 노무현 정부 때지요. 지금 우리가 얘기하고 있는 많은 이슈들 중에 상당수는 사실 그때 결정됐어요. 밀양 송전탑도 마찬가지로 노무현 정부 때 시작을 했던 것이고, 실제로 공사가 진행된 건 이명박 정부때이지만요. 골프장 규제가 대폭 풀렸던 건 김대중 정부 때고요. 새누리당 쪽에서 '너네들이 그때 다 저질러놓고 이제 와서 딴소리하냐'고 얘기하는 게 그런 맥락이죠. 한미 FTA도 그렇고요.

그러면 이런 개발독재적인 속성이 현재의 더불어민주

당이나 국민의당에 없느냐? 저는 여전히 남아 있다고 생각합니다. 최근 새만금에 신공항 건설하고, 내국인 카지노를 유치하겠다는 얘기가 나오고 있는데요, 새만금 간척사업을 강하게 추진했던 정치인들도 그 속에 여전히 남아 있어요. 그런 점에서 한국은 역사적 평가나 성찰이 안 되고 있는 게 너무 많다는 생각이 들어요.

김대중·노무현 정부 당시 추진되었던 개발사업들이 소위 국익만을 위한 것이었냐? 국책사업이라는 명분을 내세웠고 국익이라는 말을 그때에도 엄청나게 많이 썼지만, 진짜 국가공동체를 위한 거였냐? 그건 아닌 거죠. 그런데 여전히 그런 점에 대한 성찰이 안 되고 있어요.

꼭 사람을 때려야 폭력이 아니라 그 사람의 존재를 부정하는 게 폭력이잖아요. 타자를 부정하는 것, 살아가는 지역공동체 자체를 부정해버리는 것, 거기 살던 사람들의 삶을 부정해버리는 것들이 모두 폭력이라는 점을 생각해봐야 해요.

관료조직과 사법부의 폭력

하승우   만약에 이것이 용역과 자본의 문제라서, 용역이랑 주민들이 일대일로 붙는다고 하면 제가 볼 때는 주민들이 이길 가능성이 높거든요. 그런데 여기에 경찰이 개입하기 시작하면 절대로 이길 수 없는 싸움이 되는 거죠. 이게 사사로운 문제 같지만 국가가 개입해서 한쪽의 손을 끊임없이 들어주고 반대편을 탄압하는 역할을 해온 거예요. 외국의 양상과 다르다는 건 바로 이 점이죠. 그리고 이런 국가폭력의 과정에는 경찰의 물리력도 있지만 관료조직의 문제가 굉장히 심각하다고 생각해요. 경찰도 관료조직이지만요.

김대중·노무현 정부 때 우리 사회가 민주화됐다고 봤던 근거는 선거와 관련된 기본권의 보장이었지, 기존의 관료조직에 대한 시민사회의 통제력 같은 부분은 거의 부각되지 못했어요. 오히려 포획된 측면이 강하죠. 그러면서 관료적인 독자성은 더 강해졌어요. 기존에는 독재였기 때문에 관료조직이 독재자한테 복종했다면, 민주화 시기 이후에는 관료조직이 독자적인 이해관계를 확보하면서, 막말로 하면 자기들 나눠 먹을 게 많이 생긴 겁니다. 자본만이 이해관계가 있는 게 아니라 관료조직도 결탁을 통해서 자기들이 확보해야 할 이해관계가 생겼고, 그걸 유지하는 게 굉장히 중요한 사명이 된 거죠.

그러니까 FTA나 해군기지 같은 것들을 노무현 정부가 추진했다고 얘기할 수도 있지만, 사실은 그 밑에서 자기 지배구조에 아무런 침해를 받지 않았던 관료조직들이 정부를 장악해가는 면도 있다고 생각하거든요. 이 관료조직의 문제를 해결하지 않으면 어떤 정부가 구성되든 풀리지 않는 폭력의 문제가 계속될 거라고 봅니다.

특히 최근에는 정치적인 사안들이 계속 사법부로 넘어가면서 사법부의 폭력도 심각하다고 생각합니다. 사실 사법부는 구성 자체가 민주주의와 상관이 없고, 굉장히 전문화된 엘리트 집단인데, 이들이 정치적인 과정을 거치지 않고 공적인 부분에 대한 판단을 독점해서 판결을 내리면 상황이 끝나버리잖아요. 법원에서 판결이 나버리면 더 이상의 싸움이 불가능해지고, 법원이 판단을 내리면 이것 자체가 공적인 정당성을 확보하는 것처럼 되어버려요. 그리고 법원의 판결을 기다려야 하고, 판결이 나올 때까지 뭔가 하지도 못하고, 나와서 결론이 우리의 뜻과 다르면 접어야 하고……. 이런 게 인간을 굉장히 무력하게 만드는 거잖아요. 이렇게 사법체계의 폭력성이 점점 더 심각해지고 있는데, 여기에 대한 고민이나 개입할 방법이 별로 없는 게 심각한 문제라고 생각합니다.

하승수 지금 이야기한 주제는 깊이 이야기해볼 필요가 있습니다. 김대중·노무현 정부와 이명박·박근혜 정부의 차이와 관련해서요. 저는 이렇게 생각하는데요. 이명박의 4대강사업은 그와 측근들이 기획한 거죠. 그가 적극적 기획자였다면 김대중·노무현 정부는 여러 가지 개발사업과 관련해서 어떤 역할을 했느냐? 저는 무능한 수용자였다고 생각합니다. 관료집단들이나 경제적 이해관계가 있는 기업 쪽에서 기획을 해서 제안하면, 이들은 그게 옳은지 그른지 판단할 능력도 없고 뭔가 경제에 도움이 되는 걸 해야 한다는 강박관념 때문에 받아들이는 식이었다고 봐요. 그동안 자기들하고 같이 나름대로 소통해왔던 시민사회라든지 지역주민들의 말은 믿지 않고, 관료집단이 올린 보고서나 재벌의 경제연구소 같은 데를 믿었죠.

잘못된 정보나 보고도 무조건 믿고 본 무능한 수용자였어요. 물론 어쨌든 간에 그들이 공권력을 가지고 있었고, 그걸 결국에는 자기들이 쓴 것임은 분명하죠. 부안에 만 명의 경찰력을 투입한 것도 청와대에서 결정한 것이고, 경주 방폐장을 지은 것도 그렇고요. 강정 해군기지도 국방관료들이 기획을 했다고 하더라도 최종 승인은 청와대에서 한 것이고요.

이렇게 한국의 관료집단들이 눈에 보이지 않게 FTA와 각종 개발사업 등에서 얼마나 많은 기획을 해왔는지 모릅니다. 그리고 그들하고 밀착돼 있는 재벌 등 경제적 이해관계 집단들의 힘을 무시해서는 안 되겠죠. 지금도 다르지 않을 거라고 생각해요. 기존 역사에서 확인되었듯이 지금 야당들이 대통령이 되어도 역시 무능한 수용자에 그칠 수도 있는…….

하승우 관료집단은 녹색당이 상대하기에도 쉽지 않은 상대예요.

하승수 맞아요. 그래서 예전에 관료들이 '민주노동당이 집권해도 우리는 끄떡없다'고 이야기했다는 말도 앞서 나눴고요. 실질적으로 한국 사회에서 뭔가를 기획해내는 집단이 결국에는 관료, 그리고 그들과 밀착한 경제적 이해관계 집단들이니까요. 그런데 이명박·박근혜 정부 들어 하나의 현상은 저런 기획이 '지도자'한테서 나와버리는 거예요.

하승우   그래서 이럴 때 보면 관료조직을 상대할 수 있는 유일한 대상이 카리스마 있는 지배자라는 거예요. 이런 경우에서는 관료조직이 자기들이 이해관계를 행사하는 게 아니라 카리스마가 내리는 지침에 따라서 행사를 기획해야 되는 거죠. 이 지점이 딜레마인데, 우리는 그게 아니라 관료조직을 대체할 수 있는 힘이 아래로부터 구성될 수 있다는 얘기를 하고 싶은 거잖아요. 그런데 이제는 정말 그 정도의 힘을 조직할 수 있을까 하는 물음표들이 자꾸 찍히는 거죠.

중앙관료만이 아니라 지방관료만 하더라도 지역주민들이 공무원들한테 그 정도의 영향력을 행사할 수 있을 것이냐, 주민들이 조직돼서 자기 의견으로 관료들을 압박할 수 있을 것이냐 했을 때 쉽지 않거든요. 특히 명확한 이해관계나 전략이 보이지 않는 중앙행정부처에 대해 과연 일반 시민들이 일종의 조직된 힘으로서 그 힘을 통제할 수 있을 거냐? 사실 이 딜레마는 누가 정부를 운영해도 생길 수밖에 없습니다. 민주노동당, 녹색당, 노동당이 정부를 운영해도 쉽지 않은 힘겨루기를 해야 되는 거죠. 그 힘겨루기에서 밀리면 결국 지배질서의 동반자가 될 수밖에 없는 거고요. 그 점이 어렵다고 생각합니다.

상상해보건대 녹색당이 집권한다면 관료들은 기후변화 대책이나 온실가스 감축 아이템들을 가져올 거란 말이죠. 그런 기획력은 있으니까. 그런데 이 사람들이 정말 녹색당이 지향하는 가치대로 그런 기획들을 실행할 거냐에 대해서는 의문이죠.

그래서 우리가 개발과 폭력을 얘기할 때, 이해관계 집단들도 쉽지 않은 상대들이지만 마치 무심한 듯 공공성을 가장하는 관료집단도 참 상대하기 어려운 집단이라고 생각합니다. 주민들한테는 관료조직이 더 가깝고 무섭기도 하고요.

참여와 분권으로 가는 먼 길

하승수   그 관료제를 어떻게 깰 거냐고 했을 때, 우리가 카리스마로 깰 수도 없는 거고요······. 결국 그 관료제를 지탱하는 핵심 동력이 뭐냐? 그걸 어떻게 무너뜨릴 수 있을 거냐? 이런 고민들을 깊이 해봐야 해요.

흔히 그런 경우에 쓸 수 있는 방법 중에 외부에서 데리고 들어가는 방법이 있어요. 사람이나 아이디어들을 끌고 들어가는 가죠. 주민참여예산제 같은 경우가 그런 방식으로 시도한 케이스 중 하나고요. 관료제를 깨려면 외부에서 뭔가 새로운 자극이나 힘이 들어가야 하고 그중 하나가 참여일 수 있는데, 문제는 관료들이 그것까지도 무력화할 수 있는 능력을 가지고 있다는 거예요. 참여 자체를 형식화해버리고 그냥 들러리로 만들어버릴 수 있는 힘이 있고, 실제로 많은 지방자치단체들에서 그런 현상들이 나타나고 있는 거잖아요. 그러면 그다음으로 할 수 있는 방법은 뭐냐? 참 어려운 문제입니다.

여기서 어느 국가든 중앙관료제를 개혁한다고 할 때 참여 다음으로 나오는 얘기가 '분권', 권력을 분산시키자는 것이죠. 분권에 대해서는 시민사회 내에서도 예전부터 이견이 있어왔습니다. 한국처럼 조그만 땅덩어리에서 무슨 분권이냐는 말도 안 되는 이야기를 하는 사람들이 시민사회의 핵심에도 있었고 저도 그런 이야기를 직접 들은 적이 있어요. 한마디로 어떻게 하면 중앙집권적 관료제를 깨고 실질적인 민주주의로 갈 거냐에 대한 고민 자체가 없는 거죠.

참여와 분권이라는 키워드가 결국 관료제를 겨냥한 것인데, 사법도 마찬가지고요. 사법 관료주의를 깰 수 있는 방안은 참여이고, 그래서 배심재판 이야기가 나오는 거죠. 그리고 검찰과 관련해서도 외국에는 기소배심이 있잖아요. 검찰 관료들을 견제하기 위해서 기소도 배심원들이 결정하는 거죠. 국가관료조직으로 되어 있는 검찰이나 법원을 바꾸려면 사법 자체도 분권화가 돼야 한다고 해요. 검사장을 차라리 직선으로 뽑자, 지역 주민들이 선거로 뽑자, 이런 이야기도 가끔 나오는데 최소한 그 우두머리라도 통제하에 둘 수 있어야 되는 게 아니냐는 거죠. 그런 이야기가 나올 때마다 당연히 관료조직들은 강하게 반발하고, 그들과 결탁한 일부 전문가들도 반발을 합니다. 그래서 근본적인 개혁은 논의조차 되지 않는 것이고요.

이렇게 관료제의 권한을 강하게 해놓은 상태에서 위의 장관만 바꾼다? 김대중·노무현 정부가 했던 게 장관 바꾸는 것밖에 없었잖아요. 장관 바꾼다고 그게 될 리가 없죠.

관료제를 깨려면

하승우 베네수엘라의 경우를 보면, 관료제를 깨려고 주민평의회를 만들었어요. 도시에서는 200~400가구, 농촌에서는 20~30가구 주민들이 직접 사업을 기획해서 올려보내면 연방정부가 자원을 주는 거죠.

그리고 베네수엘라에서는 헌법을 개정할 때 시티즌 파워(Citizen Power)라는 체계를 만들어요. 입법/행정/사법에 더해 시민부를 만든 거죠. 이 시민부는 기소권도 가지고 있어요. 그리고 선거부라고 해서 따로 만들었는데, 베네수엘라의 특수성 때문에, 푼토 피호 협정으로 양당 지배체제가 40년 동안 해먹었기 때문에 선거를 제대로 진행하기 위해서 만든 거죠. 시민부는 베네수엘라의 관료 부패를 통제하기 위해 뒀던 거고, 또 이걸 민간 차원에서 수행했던 게 아래로부터 헌법 정신을 실현하겠다는 목표를 내세웠던 볼리바리안 서클이었고요. 그런데 잘 안 됐어요. 볼리바리안 서클 내에서도 부패가 생기고…….

하승수   저는 그런 방법들도 다 고민해봐야 한다고 생각하지만, 좀 다른 방식들도 생각해봐야 한다고 생각합니다. 소위 말하는 시민의회(citizen's assembly) 정도의 수준까지 가야 할 것 같아요. 그래서 특정한 사안에 대해서 시민의회를 구성하면 그 사람들이 실질적인 결정권까지 가질 수 있도록 하고요. 시민의회 구성할 때는 추첨제 같은 것이 필요하지 않을까 싶어요. 자의성을 배제하기 위해서죠. 그 정도 수준의 참여가 되지 않으면 관료제를 깨기 힘들다고 봐요.

그리고 분권과 관련해서도 저는 어쨌든 연방제로 가는 수밖에 없다고 봅니다. 연방제로 가야만 중앙집권적인 권력 구조를 깰 수가 있기 때문이죠. 아이러니컬한 건 보수 쪽에서도 분권에 대한 요구는 있거든요. 왜냐하면 입장이 다른 쪽에서 봐도 지금 한국 사회는 중앙관료들이 가진 힘이 너무 크니까요. 그리고 그게 단순히 중앙과 지방만의 관계도 아니에요. 대학도 마찬가지죠. 국립대학이 완전히 교육부 하부조직처럼 돼 있잖아요. 사실 생각이 있는 교수나 학생들이 지금 국립대 민주화를 요구해야 하는데, 그 상대는 교육부거든요. 교육부 뒤에는 정치권력이 있는 거죠. 최근에 교육부가 국립대에서 추천한 총장을 임명해 주질 않아서 문제가 심각하게 된 사례들도 여럿 있었을 정도입니다. 국립대 총장이 교육부 과장 앞에서 꼼짝도 못한다는 얘기도 있을 정도이고요.

그러니까 분권이라는 문제는 단순히 중앙정부와 지방자치단체 간의 분권만이 아니라, 사실은 해당 영역에서 당연히 가져야 하는 자치권 문제로 볼 수 있는데요. 대학도 그렇고 초·중·고등학교도 학교 자치권이 없잖아요. 자치권을 요구하면 교장이라는 관료에게 그 권한을 주려고 하고요. 분권을 관에서 관으로의 분권이 아니라, 관에서 민으로의 분권 개념, 관에서 자치권으로의 분권 개념으로 이해할 필요가 있어요.

그리고 직접민주주의를 보장하는 제도들이 필요합니다. 스위스에서 하고 있는 국민발안(국민들이 직접 서명을 해서 안건을 발의할 수 있는 제도)제도나 시민이 발의할 수 있는 국민투표 같은 제도도 도입이 필요하고요. 지금 대한민국 헌법에서는 대통령만 국민투표를 발의할 수 있게 되어 있는데, 매우 잘못된 제도입니다.

한국에서 이 정도 논의를 하려면 개헌 이야기가 나올 수밖에 없어요. 지금 얘기한 정도로 하려면 헌법을 고치는 수밖에 없죠. 다양한 분권이나 참여에 대한 요구들을 하나로 모아야 하고요. 시민들의 참여와 직접민주주의를 보장하는 개헌이 되려면 엄청난 대중운동이 필요하죠. 단지 대통령을 바꿔서 어떻게 해보자고 할 문제는 아니라고 봐요.

시스템의 규칙을 바꾸자

하승우　　우리가 국가와 자본의 결탁에 대항하는 더 큰 힘을 구성해야 한다는 식의 얘기를 종종 듣는데, 저는 '더 큰 힘'이라고 하는 말에서는 불안감이 표현된다고 봐요. 상대방보다 막강해져야 된다는 건데, 저는 그게 한국의 역사에서 계속 부각되어온 불안 같아요. 강해져야 한다, 더 강해져야 적들을 굴복시킬 수 있다……. 그런데 저는 이게 시스템을 무시하는 발상이라고 생각해요. 지금의 강자들도 시스템 안에 있는 거지, 시스템 위에 있는 건 아니거든요. 그렇다면 우리가 해야 하는 건 우리가 강자가 되는 게 아니라 시스템의 규칙을 바꾸는 거죠. 우리가 더 강한 강자가 되는 순간 이 시스템은 우리에게도 적용될 거라고 생각해요. 녹색당이 다수당이 될 것 같으면 관료들도 녹색관료들이 되겠죠.

강약의 문제가 아니라 시스템을 작동시키는 운영원리와 규칙으로 생각하면, 크게 두 가지가 필요하다고 봐요. 일단 한국에서는 국가와 자본이 결탁해왔기 때문에 그 유착관계를 끊어놓는 작업이 필요합니다. 그걸 끊으려면 분권도 돼야 하고, 사실 이게 고민이긴 한데, 경제권력도 몰수해야 한다고 봅니다. 한국에서는 기업도 다 중앙집권화돼 있잖아요. 그걸 그냥 내버려두고 정치권력을 분산시킨다고 해서 바뀌지 않을 것 같아요. 결국 경제권력의 분화를 강요할 수 있는 힘이 있어야 하는데, 그 힘을 어떤 방식으로 마련할 거냐? 우리가 사회주의의 몰수 방식은 더 이상 적합하지 않다고 생각한다면, 그걸 대체할 수 있는 뭔가가 있어야겠죠.

가령 발전산업이나 에너지도 중앙화된 공기업들이잖아요. 민간기업도 마찬가지고요. 이 기업들을 정치와 마찬가지로 분권화할 수 있는 방법이 필요한데, 몰수하지 않는다고 하면 어떤 방식이 가능할 거냐? 어떤 식의 구조 전환 프로그램이 있는 거냐? 이걸 생각해봐야 합니다.

두 번째로 아무리 좋은 가치를 갖고 있더라도 실제로 대안이 될 수 있는 프로그램이 필요하다고 생각합니다. 개발과 폭력이라는 프레임에서 벗어나려면 우리가 선한 주체가 돼서 다른 이들을 또 다시 타자화하는 방식이 아니라 결국 각각의 것들이 주체화될 수 있는 방법이 필요할 겁니다. 결국 이건 구체적인 삶의 문제라고 생각해요. 삶에서 어떤 식의 대안들을 만들어낼 거냐? 예를 들어 국가 에너지 정책의 전환이 필요하다면, 일상생활에서 에너지 문제에 어떻게 접근할 것인지에 대한 고민도 동시적으로 진행이 되어야 하는 거죠.

그렇다고 모든 문제를 일상화시키자는 건 아닙니다. 우리가 상대를 너무 쉽고 만만하게 생각해서 일상에서의 프로그램만 잘하면 세상이 바뀐다고 여기는 것도 문제라고 봅니다. 이 구조를 장악하고 있는 적들은 일상에서의 실천을 별로 불편하게 생각하지 않을 거고, 오히려 권장할 거예요. 새마을 운동처럼.

다른 한편으로는 구조만 바꾸면 다 해결될 거라고 생각하는 것도 문제예요. 실제로 우리가 무엇을 통해 구조를 어떻게 바꿀지 전혀 모르는 상태인데 말이죠. 가령 재벌들한테 세금을 많이 먹여서 문제를 풀면 되지, 이렇게 생각하는 것도 굉장히 순진한 발상이라고 생각해요. 그러니까 저들을 압박할 수 있는 힘이 있어야 하는데, 아무런 힘도 없이 그냥 우리가 권력을 장악하면 변화시킬 수 있다고 주장하는 건 설득력이 없는 거죠. 이미 사람들은 그렇게 세상이 바뀌지 않는다는 걸 아는 것 같아요. 변화는 경험인데, 경험해보지 못한 것을 자꾸 대안이라고 얘기하는 것도 한계가 있죠.

구조적 전환과 일상에서의 대안적인 삶, 이 두 가지를 만나게 할 방법이 필요한데 아직은 잘 모르겠어요. 두 가지를 만나게 하는 건 누군가의 기획이 아니라 우연한 사건일 것 같아요. 물론 세월호 참사를 겪으며 한국은 이미 사건에도 둔감해지고 있는 것 같지만요. 뭘 봐도 사람들이 사건으로 받아들이지 않는달까. 설령 사건을 통해 사람들이 등장한다 하더라도 서로를 신뢰하지 않고 의심의 눈초리로 쳐다보는…… 폭력이 내면화된 거죠. 자신과 같은 처지의 사람이 아니라 지배자의 시선으로 서로를 바라보는 지경에 이르는 거죠.

경제성장주의는 끝났다

하승수 경제적 분산 내지 분권화라는 건 경제에 대한 생각 자체가 바뀌지 않고는 불가능하다고 생각해요. 노무현 정부가 실패했던 것 중에 기업혁신도시, 이것도 일종의 경제효과를 노린 거잖아요. 그렇게 하면 지방의 경제를 살릴 수 있을 거라고 본 거죠. 그런데 기업도시를 만들어도 결국에는 거기 누가 들어가 줘야 하는데 누가 들어가느냐? 들어가 줄 수 있는 데는 대기업밖에 없으니, 그 대기업들이 요구하는 대로 맞춰주지 않으면 안 되는 거잖아요.

예를 들면 제주도지사가 제주도 경제를 한번 살려보겠다고 하면, 결국에는 외부 자본을 끌어들이는 것 말고는 생각해내는 답이 없는 거죠. 왜냐하면 기존 경제에 대한 생각 안에 갇혀 있기 때문이에요. 그래서 경제성장주의에서 벗어나는 것이 중요합니다.

권력을 가진 사람들만이 아니라 주민들 스스로가 경제성장이라는 미신에서 벗어날 필요가 있습니다. 제주도민들이 제주도에 공장을 유치하고 카지노를 유치하고 큰 건물을 짓고 새로운 공항을 지어서 개발하는 것이 아니라 다른 방식으로 하는 게 좋겠다고 생각해야만 새로운 길이 열릴 것이라고 봅니다. 그렇지 않으면, 제주도가 지금도 땅값이 오르고 온갖 개발 때문에 난리지만 거기서 벗어나지 못할 거라고 봐요. 대안이 나오려면 기존의 경제에 관한 사고와는 완전히 다른 차원에서 얘기가 시작돼야 한다는 생각이 들거든요.

또 경제를 움직이는 주요한 축의 하나가 금융인데, 금융 자체가 중앙집권적이잖아요. 그러니 지역 분산이 쉽지 않을 수밖에 없죠. 제가 예전에 제주도에 살면서 관찰해본 바로는, 사람들이 경제를 활성화시키려면 결국에는 대기업이 들어와야 된다고 해요. 지역에서 뭘 좀 해보려고 하면 금융이 뒷받침돼야 하는데, 중앙집중화된 금융기관들이나 정부가 금융을 장악하고 있으니까 지역 순환경제를 뒷받침해줄 수 있는 금융, 풀뿌리 경제를 뒷받침해줄 수 있는 금융은 없는 거죠. 새마을금고니 신협이니 하는 것도 사실은 부속품 내지 보조품으로 기능하지 다른 경제를 뒷받침해 줄 수 있는 금융이 안 되니까요. 그런 점에서 시간이 오래 걸릴 수 있는 작업이지만 몇 가지라도 대안을 만들지 않으면 안 된다는 생각을 많이 하는 편이에요.

경제적인 분권이나 대안적인 모델이라는 건 사람들이 말로 설명한다고 믿는 게 아니기 때문에, 오히려 경제 위기가 닥쳤을 때 그런 시도들이 가능해지기도 하는데요. 과거 대공황이 닥쳤을 때 다양한 경제적 시도들이 이루어지기도 했었고, 요즘 다시 얘기가 나오는 역이자화폐(이자가 붙는 것이 아니라 시간이 지날수록 가치가 떨어지는 화폐) 같은 실험도 그때 만들어졌던 거고요. 당시에 오스트리아의 뵈르글 같은 도시에서 실업이 심각하고 경제가 침체의 늪에 빠졌을 때, 시정부가 역이자화폐를 발행해서 일자리가 만들어지고 경제가 살아난 일이 있었지요. 물론 중앙정부의 개입으로 단기간의 실험으로 끝났지만요.

화폐와 관련해서도, 정부가 직접 화폐를 발행하는 '정부화폐'도 남북전쟁이라는 위기상황에서 미국의 링컨 대통령이 실험한 적이 있었고요. 그린백(Greenback)이라고 불렸던 이 화폐 덕분에 링컨 정부가 전쟁에 필요한 자금을 조달해서 남북전쟁에서 이길 수 있었다고 하죠.

요즘 은행을 공영화해야 하는 것 아니냐는 얘기들도 나오는데, 미국 노스다코다 주에는 실제로 주립은행이 있습니다. 미국의 다른 주에도 주립은행이 없었던 것은 아니지만, 모두 사라졌는데 노스다코다 주립은행은 아직 성공적으로 운영되고 있습니다. 노스다코다 주는 농업에 기반한 경제였는데, 농민들이 외부 금융에 의존해서 과도한 부담을 지고 있었습니다. 이런 상황을 바꾸고자 정치적 변화가 일어났습니다. 진보적 성향의 무당파 연합이 1918년 주지사와 주하원의 과반수를 차지하는 일이 벌어진 거죠. 그 힘을 바탕으로 1919년 노스다코다 주립은행이 만들어졌어요.

경제 위기가 닥치면 기존 경제 시스템으로는 사람들이 살 수 없으니까 여러 가지로 모색할 수밖에 없어요. 그런데 우리는 IMF 금융위기가 왔을 때 그런 준비가 전혀 안 돼 있었고, 그래서 오히려 더 집중화되고 대기업화됐잖아요. 수출 대기업 중심으로 경제 재편이 되고, 오히려 그걸 통해서 그들이 모든 경제에 관한 담론이나 이데올로기를 장악해버렸고요.

그렇기 때문에 저는 경제위기가 닥쳤을 때 사람들이 뭘 해야 하느냐를 미리 얘기할 필요가 있다고 봅니다. 경제위기의 개념에 대해서도 다시 얘기해볼 필요가 있고요. 경제성장률이 떨어지거나 마이너스 경제 성장이면 경제위기인가? 더 장기적이고 구조적으로 봤을 때 사람들이 필요한 것들을 얻을 수 없고 자기의 존엄을 완전히 훼손당할 수밖에 없는, 그런 의미의 경제위기는 이미 시작됐다고 볼 수도 있는 것 아닌가? 그렇다면 우리는 어떤 경제를 만들어야 되느냐? 이런 것들을 질문해야겠지요.

이 위기를 뭐라고 호명해야 할까

하승우   그런데 역사적으로 봤을 때 경제위기가 왔을 때 등장한 건 오히려 파시즘 체제였죠. 경제위기가 오면 사람들이 다른 식의 삶을 따를 거라고 막연하게 기대하기는 어렵다고 봅니다. 다른 식의 삶, 대안이라고 하는 것들도 사람들이 생각할 때 실현 가능한 뭔가로 다가와야지 따를 거고요.

그러니까 파시즘이 그 당시 나름의 진보적인 대안처럼 느껴지기도 한 거죠. 자본주의가 위기니까 사회주의 정책들을 수용하는 것처럼 보이기도 하고요. 저는 경제위기가 오면 사람들이 더 보수화되고 오히려 지배질서를 더 공고하게 하는 방향으로 움직일 수 있다고 생각해요.

하승수   그러니까 그냥 놔두면 그렇게 가는 건 자명한 사실이죠. 그러지 않으려면 대안에 대해서 미리 얘기될 필요가 있다는 생각이 듭니다. 준비가 돼 있지 않으면 말씀하신 것처럼 될 가능성이 높은 거죠. 몇몇 뛰어난 선지자들이 생각을 갖고 있다고 되는 것도 아니고요.

하승우 저는 그게 '경제위기'로 얘기되는 이상 그런 식의 결과를 피하기 어려울 것 같아요. 그러니까 경제를 재구상하기 위해서는 경제라는 말을 다른 식으로 지워야 되는 거 아닌가? 경제라는 말을 쓰는 순간 이미 상대방의 틀에 갇혀버리는 게 되죠. 지금의 상식으로는 '경제'에 당연히 '성장'이 뒤따르게 되죠. 그러니 위기도 경제위기라고 호명되는 순간 사람들은 성장전략을 떠올리지 않을까요?

사실 IMF 때를 떠올려보면 약간 공포스럽기도 하잖아요. 왜 외환위기가 왔는데 사람들은 돌반지까지 꺼내서 금을 모을까? 그렇게 살린 회사에서 해고당한 사람들에게 외환위기는 어떤 사건이었을까? 그것이 '경제위기'라고 호명됐기 때문에 사람들은 위기에서 탈출해야 한다고 생각하게 됐고, 자기가 회사에서 잘렸는데도 국가에 돌반지를 바치는 말도 안 되는 일들이 벌어진 거잖아요.

그래서 제가 생각하기에는 경제위기가 왔을 때 다른

경제 방식이 있다, 이렇게 접근하면 절대로 답이 안 나올 것 같아요. 오히려 경제위기가 아니라 뭔가 다른 삶의 위기로 호명하면서 다른 식의 틀을 짜야지, 경제위기라고 호명하는 순간 우리는 이미 실패하고 있는 거라고 생각해요.

사실 경제위기라는 거, 이미 왔는데도 사람들의 생각은 잘 안 변하잖아요. 이미 자본주의 위기도 왔고 경제위기도 왔고, 2008년도부터 이미 다 얘기된 거잖아요. 경제위기니까 더 벌어야 하고, 경제위기니까 박근혜를 찍고, 경제위기니까 재벌들을 밀어줘야 하고, 경제위기니까 삼성을 살려야 하고…… 이런 틀을 벗어나야 우리가 대안을 만들 수 있지 않을까라는 생각이 듭니다.

경제를 살림살이 문제라고 생각하면, 살림을 사는 방식은 돈으로 사는 방식도 있고, 관계로 사는 방식도 있는 거죠. 우리가 복지국가도 아닌데 지금까지 버텨온 건, 결국 국가가 안 보장해줘도 전통적인 관계의 힘으로 버텨온 거잖아요. 꼭 돈으로만 풀지 않아도 다른 방식으로 풀 수 있는 삶의 규모라는 게 있는데, 지금은 오로지 돈으로만 풀어야 하니까 화폐경제가 너무 커진 거예요. 그러니까 이거를 경제로 풀자고 얘기해야 할 거냐, 저는 그렇게 호명해선 안 된다고 봅니다.

하승수 경제라는 것이 결국 필요한 것을 조달하는 활동이죠. 지금 말씀하신 내용은 전략적으로 봤을 때 경제위기로 호명을 할 것이냐의 문제로 이해할 필요가 있겠는데, 그러면 뭐라고 호명을 하면 좋을까요?

하승우 그걸 찾아야죠. 왜냐하면 이미 사람들이 위기라는 건 알고 있거든요. 위기는 알고 있는데, 위기를 뭐라고 정의해야 할지가 어려운 거죠.

하승수 전통적으로 체제의 위기라고 이야기하지만, 그건 사람들한테 가 닿지 않는 말이고…… 말씀하셨던 대로 '살림의 위기'?

하승우 그 키워드를 찾는 게 중요한 작업이 될 거라고 생각해요. 우리 시대의 위기를 뭐라고 호명할 거냐? 호명하면 그 호명으로부터 전환의 힘이 생기는데, 지금은 사실 호명하지 못하니까, 호명할 수 없으니까 불안한 거죠. 위기의 실체가 없으니까.

하승수 어쨌든 문제는 기존에 계속 경제위기로 호명이 되고 있다는 겁니다. 그렇게 호명하면 안 된다는 것은 우리 입장이고, 다른 호명을 뒤로 미루어서 찾을 수 있는 건 아니고요.

진보적인 입장에 있는 사람들도 경제위기라고 호명하면서 사람들을 불안하게 만드는 건 맞아요. 대안이 보이지 않는 상황에서 경제위기가 다가온다고 하니. 이게 다 박근혜 잘못이라고 얘기해버리는 사람들도 생겨나고, 아무 답이 안 되는 거예요.

하승우 저는 사회구성체 논쟁 같은 것을 다시 해야 된다고 봐요. 제가 요즘 박현채 선생님 저작을 공부하면서도 느끼는 게 어쨌든 이분은 한국 경제 속에서 농업이라는 문제를 쥐고 씨름했는데 지금은 그런 논의를 지금 하는 사람이 있나? 지금은 거의 개별담론이잖아요. 자기영역에서의 얘기만 반복하고 있지 세계 자본주의 속에서 한국 경제가 어떤 위치에 있고 한국 경제 속에서 농업이 어떤 위치에 있는지, 이런 틀이 없는 거예요. 어떤 면에서는 체제위기라고 부르는 게 맞는데 그걸 설명할 수가 없는 거죠.

옛날에는 틀이 단순했잖아요. 계급으로 볼 거냐, 민족으로 볼 거냐처럼. 이렇게 큰 틀로 범주화되었는데 지금은 그것도 다 세분화되어 틀을 다시 짜야 한다고 봅니다. 이 틀을 짜는 건 엄청난 작업이니 혼자 하기 힘들고 여러 명이서 해야 되는데 지금은 학문에서의 팀워크가 잘 안 되잖아요. 그래서 실천과 이론의 틈이 굉장히 넓어져 있는데 이 괴리가 안 좁혀지면 어렵다고 봅니다. 우리는 지도 없이도 길을 갈 수 있다는 식으로 얘기하는 쪽이 있지만 제가 볼 때는 지도 없이 길을 가다가 낭떠러지로 빠질 수 있어요. 자기들이 생각하는 상상의 지도만 계속 그려서 남발하는 사람들도 있을 거고요.

하승수 그러니까 결국에는 자본주의에 대한 논의로 갈 수밖에 없다고 저는 생각해요.

하승우 그리고 한편으로, 우리가 '이것이 대안이다'라고 외치기 전에 그동안 우리나라에서 대안이라고 알려졌던 게 어떻게 무너지고 다른 것으로 바뀌었는가를 확인해야 된다고 생각해요. 점검 없이 새로운 얘기들만 잔뜩 들어와 있고 정작 지금 사회에 대한 분석은 턱없이 부족하고, 그러다보니 너무 뜬구름 잡는 듯한 소리들만 하고…… 이러면 우리는 반성하는 게 아니라 분명히 새로운 거를 찾을 거란 말이죠.

저는 일단 진단에서부터 대안을 모색해보자, 이렇게 끝을 맺고 싶습니다.

닫는 글
우리가 다수다!

대담을 시작할 때의 상황과 끝날 때의 상황이 달라졌다. 이 대담을 진행하던 중에 하승수는 녹색당 공동운영위원장 임기를 마치고 '연동형 비례대표제' 도입을 주장하는 비례민주주의연대 공동대표가 되었고, 하승우는 풀뿌리자치연구소 이음 소장에서 녹색당 공동정책위원장이 되었다. 아무래도 자신이 서 있는 위치에서 이야기를 하게 되는데, 둘의 위치가 점점 뒤바뀌었다. 민감한 독자라면 이 미묘한 변화를 눈치챌 수 있을까?

이 책에서 우리는 한국 사회의 산적한 문제들을 해결할 방법에 관한 실마리들을 이야기로 나누었다. 복잡하게 얽힌 문제들을 한 번에 해결힐 비법은 없고, 이제는 그런 비법을 찾는 것 자체가 위험스럽게 보이기도 한다. 그렇다면 무엇이 먼저일까? 일단은 문제들이 어디에서 비롯

되었는지를 진단하는 것이 먼저다. 우리는 여러 문제들에 대해 잘 안다고 생각하지만 어찌보면 그것이 가장 큰 함정일 수 있다. 몰라야 공부를 할 텐데 안다고 믿으니 매번 비슷한 수준에서 이야기가 반복된다. 내가 뭘 알고 있는지, 그것이 실제 현실과 맞는지 맞춰보는 진단은 문제를 해결하는 실마리가 될 수 있다.

예를 들어, 민주주의의 문제는 민주주의에 관한 이론적인 접근보다 현실에 대한 진단이 먼저다. 모두를 위한 민주주의라고 하지만 실제로는 다른 사람들보다 민주주의가 더욱더 절실하게 필요한 사람들이 있고, 그런 사람들 대부분은 개인이 해결할 수 없는 구조적인 문제들을 겪고 있다. 이들에게 도움이 되지 않는 민주주의는 어떤 쓸모가 있을까?

그리고 사람들이 생활하거나 일하는 구체적인 장소에 따라 문제에 대한 해법은 틀려질 수밖에 없다. 그래서 모든 상황에 공통으로 적용되는 민주주의란 존재하지 않는다. 다른 곳에서 이런저런 효과를 봤다고 주장되는 이론들도 여기에 오면 무용지물인 경우가 많은 것도 그 때문이다.

그러하기에 우리에게는 진단이 먼저 필요하다. 이 책의 이야기들도 어떤 해답보다는 진단에 가깝다. 민주주의가 왜 위태로운지, 정치가 우리의 일상 속에서 어떤 모습으로 나타나고 있는지, 선거와 투표, 정당, 자본주의가 한국 사회에 어떤 영향을 미쳐왔는지, 사람들은 민주주의나 자본주의를 어떻게 인식하는지, 이런 이야기들이 다소 건조하게 담겨 있다. 물론 논의의 방향이 없는 것은 아니지만 이것만이 해답이라고는 주장하지 않는다.

그리고 이런 진단에는 분석력만이 아니라 직관력도 필요하다. 각각의 사안들에 대한 구체적이고 꼼꼼한 분석이 중요하지만 그런 사안들이 어떻게 서로 연관되어 있는지도 파악되어야 한다. 그래서 민주주의와 자본주의, 풀뿌리, 개발과 폭력처럼 다소 큰 주제들을 꺼내 이야기를 나누게 되었다.

여러 주제를 다루지만 사실 하나로 모아지는 이야기는 '그래서 어떻게 살 것인가?'이다. 한국 사회가 헬조선이고 여러 가지 사회지표가 최악이라는 건 관심을 가진 사람이라면 누구나 아는 사실이다. 그래서 어떻게 할 건가? 이민이나 망명을 떠날 건가? 하지만 이민이나 망명의 조건을 구체적으로 알아볼 수 있는 사람이 몇 명이나 될까? 또 그렇게 떠나면 행복해질 수 있을까? 어디로 떠나야 행복해질까?

또 떠나지 않고 남는다면 어떻게 해야 할까? 아무리

열심히 살아도 갑작스런 사고, 예를 들면 예상 못한 지진, 핵발전소의 사고, 기후변화와 온난화 등과 같은 재난을 피할 수 없다. 어차피 헬조선이니 그냥 망하기를 기다릴까? 열심히 살지 않으면 한국 사회에서는 비난과 혐오를 피하기 어렵고 망해도 가장 비참한 조건의 사람들부터 먼저 망할 것이라는 건 다들 아는 사실이다. 그러니 어떤 선택을 하려 해도 머리가 아프고 행복해질 수 없는 사회가 바로 이곳이다.

그러니 너무 힘들 수밖에 없다. 고된 노동으로 자기 입에 풀칠하기도 벅찬데, 눈을 돌려보면 여기저기 신경 써야 할 곳들이 너무 많다. 너무 많으니 어느 곳에도 신경 쓰지 않는 것이 좋은 처세술처럼 보이기도 한다. 하지만 누구도 '어떻게 살 것인가'라는 질문에서 자유로울 수 없다. 이미 돈과 권력을 쥐고 태어난 금수저 계급이 아니라면 예상치 못한 순간에 어떤 결정을 강요받게 된다. 때문에 미룰 수는 있지만 피할 수는 없는 것이 바로 삶에 관한 질문이다. 어찌 보면 유달리 높은 한국의 자살률이 이 질문의 무게감을 증명하는 듯도 하다.

그런데 왜 이 무거움을 혼자서 감당해야 할까? 혼자서는 감당하기 어려운 문제들이 너무 많은데, 왜 우리는 혼자서 답을 찾을까? 온라인과 오프라인으로 수없이 이어져 있다고 생각하지만 삶의 무게를 견뎌야 할 때면 우리는 여전히 골방을 찾는다. 꼭 개인의 탓만은 아니다. '내'가 겪는 문제들을 다른 이들도 똑같이 겪고 있다면 그것은 분명히 '사회'의 문제인데, 힘을 가진 자들은 반드시 '너'의 혼자 힘으로 풀라고, 네가 알아서 풀라고, 아니면 모범정답을 따르라고 강요한다. 그러니 질문을 자꾸 미루게 된다.

한국 사회에서 '어떻게 살 것인가'라는 질문에 제대로 답하기 위한 첫걸음은 이것을 더 이상 개인의 질문으로 받아들이지 않는 것이다. 질문에 답하려면 일단 우리는 만나야 한다. 지금처럼 혼자서 답을 찾아본들, 답을 찾은 듯 보여도 위기는 되풀이되기 마련이다.

이제 우리는 이 질문을 서로에게 던지며 대화를 시작해야 한다. 누군가는 또 물을 것이다. "대화로 세상이 바뀌나?" 당연히 대화만으로는 세상이 안 바뀐다. 그렇지만 대화를 나누며 우리는 길 위에 서게 된다. 대화가 연 지평은 우리에게 길을 나설 힘을 준다. 대화를 나누며 궁금증도 생기고 분노도 생기고, 혼자라면 그냥 그러고 말았을 테지만 함께라면 그 궁금증과 분노를 품고 길을 떠날 수 있다.

그런 의미에서 독자들이 이 책을 '혼자' 읽지 않았으

면 한다. 주변의 사람들과 함께 읽으며 사회의 위기를 어떻게 극복해가면 좋을지 함께 고민하면 좋겠다.

물론 기득권들의 사회는 너무나 강하고, 우리의 사회는 이미 무너져버렸다. 철저히 예속된 상태에서 우리가 믿고 있는 사회는 말 그대로 상상된 공동체일 수 있다. 하지만 막연히 기대하거나 냉소하는 건 저들의 사회를 강화시키고 우리 사회를 여전히 방치하는 일이다.

그래서 사회를 바꾸려면 우리도 두 가지 전략을 동시에 만들어야 한다. 저들의 사회를 무너뜨리면서 우리의 사회를 재건할 전략을 짜야 한다. 그렇기에 혼자서는 불가능하다. 이런 전략을 짜고 실행하려면 다수의 힘이 필요하다. 소수의 기득권이 절대로 가질 수 없는 건 바로 다수의 힘이다. 우리는 우리의 힘으로 저들에게 맞서야 한다.

기득권층의 사회를 무너뜨리기 위해 우리의 힘을 길러야 하고, 우리의 사회를 재건하기 위해 우리의 힘을 잘 조절해야 한다. 그렇지만 힘을 기른다는 건 강자가 되어야 한다는 강요와는 다르다. 강자가 되기도 어렵지만 강자가 되기 위해 우리는 누군가를 이용하거나 지배할 수밖에 없고 강자가 되는 순간 이미 우리는 애초의 우리가 아닐 수 있다. 그런 구조는 새로운 사회의 구성을 방해한다.

그렇다면 우리는 힘을 기르면서도 강자가 되지 않아

야 하고 우리 스스로 힘을 다루는 방법을 익혀야 한다. 힘을 기르고 다루는 방법 역시 혼자서는 익힐 수 없다. 무인도에 홀로 고립된 사람이 힘을 가질 수 없듯이, 힘이란 쌍방의 관계 속에서 구성되기에 우리는 서로를 마주보고 만나야 한다. 그렇게 만나야 당장 사회를 바꿀 수 없어도 우리가 당분간은 살아갈 수 있다. 우리의 힘이 당장 사회를 바꿀 수는 없을지라도 서로를 조금 더 버티도록 만들 수는 있다.

이 책에서 다룬 이야기들로 풀이하면, 정치 개혁은 과거에 만들어진 악법들의 개정에서부터 시작되어야 한다. 그리고 한편으로는 우리 일상을 다루는 규칙들을 다시 짜야 한다. 구조를 바꾸지 않고 일상을 바꿨다고 말할 수 없고, 일상의 변화가 없다면 바뀐 구조는 지속되기 어렵다. 예를 들어 국가보안법을 폐지해도 우리가 상대방을 부정하고 배제해야 할 존재로 몰아세운다면 사회는 바뀌지 않는다. 그러니 둘 다 해야 한다고 부담스러워하기보다는 둘의 연관성에 주목하며 구조와 일상을 하나씩 바꿔나가야 한다.

자본주의도 마찬가지다. 자본주의의 근본적인 변화는 제도 변화와 더불어 일상의 변화에서 시작되어야 한다. 자본주의를 아무리 욕해도 그 생산과 소비의 망 속에

자리잡는 이상 자본주의를 벗어나기 어렵다. 일하고 먹고 생활하는 우리의 일상이 자본주의 방식과는 다른 대안을 하나씩 만들어가야 한다.

그렇다고 너무 순수해지자는 것은 아니다. 오히려 이 둘을 동시에 추진하려면 우리는 좀 더 불순해져야 하고, 정파보다는 사파를 지향해야 한다. 내게 동의해줄 수 있는 상대가 아니라 머뭇거리는 상대와 이야기를 나눠야 하고, 같이 고민을 나눌 사안이 있다면 보수와 진보, 좌와 우를 가리지 않고 다가서야 한다. 그들 역시 기득권층이 아닌 이상 비슷하게 삶의 어려움을 겪고 있을 터이니. 하나로 동화시키기보다는 다양한 접점들을 만들어가는 것이 사회를 바꾸는 진짜 방법일 수 있고, 그런 과정에서 만남의 범위는 점점 더 넓어질 것이다.

노동운동가 마일스 호튼과 민중교육가 파울로 프레이리는 『우리가 걸어가면 길이 됩니다』에서 실천 속에서 새로운 앎이 싹트고, 민중이 느낌, 감정, 멋으로 가득 찬 살아있는 앎을 얻는 과정이야말로 혁명이라고 주장했다. 그런 점에서 하승수와 하승우의 대화 역시 완성된 앎이라기보다는 실천과 삶 속에서 조금씩 증명되어야 하는 앎이라고 생각한다. 이 두 사람의 앎이 어떤 길을 걸어갈지, 정말 길을 만들 수 있을지 독자들이 주목하고 또 그 길에 함께 동참하면 좋겠다. 아니면, 지금은 다른 길로 가야 한다고 말을 걸고 같이 대화를 나누면 좋겠다. 지금 나선 이 길이 두 사람만을 위한 길은 아닐 테니 말이다.

하승우

껍데기 민주주의

하승수, 하승우 지음

초판 1쇄 발행 2016년 12월 16일

편집 양선화
디자인 최진규

펴낸곳 포도밭출판사
펴낸이 최진규
등록 2014년 1월 15일 제2014-000001호
주소 충청북도 옥천군 옥천읍 성암1길 30, 102동 1406호
전화 070-7590-6708
팩스 0303-3445-5184
전자우편 podobatpub@gmail.com

ISBN 979-11-952770-9-4 03340

이 도서의 국립중앙도서관 출판시도서목록(CIP)은
서지정보유통지원시스템 홈페이지(http://seoji.nl.go.kr)와
국가자료공동목록시스템(http://www.nl.go.kr/kolisnet)에서
이용하실 수 있습니다. (CIP제어번호: CIP2016029087)

이 책은 저작권법에 따라 보호받는 저작물이므로
무단 전재와 복제를 금합니다.

책값은 뒤표지에 있습니다. 잘못된 책은 바꾸어 드립니다